De brodne kar

HENNING E. GJERMANDSEN

De brodne kar

Forlag: Books on Demand – København, Danmark
Fremstilling: Books on Demand – Norderstedt, Tyskland
Bogen er fremstillet efter on-Demand-proces

ISBN 9788743016472

Indholdsfortegnelse

Forord

Bogens titel går på de mennesker, som, i større eller mindre grad og på forskellige måder, ikke kunne, eller ville, tilpasse sig samfundets eller familiens normer.

Nogle af disse såkaldte brodne kar, eller sorte får, fandt/finder alligevel ud af at få noget konstruktivt ud af livet mens andre, som i dette tilfælde, tilbragte/tilbringer meget tid på for eksempel arbejdsanstalter eller i fængsler.

Hvordan et sådan liv kunne forme sig i perioden 1883 til 1965, fortælles derom i denne bog hvor man kan følge vedkommendes vej fra gerningssted og arrestation over turen i retten og opholdet i et fængsel eller på en arbejdsanstalt. På denne måde får man også et indblik i det danske samfunds reaktion over for disse mennesker.

Èt af disse brodne kar var Anders Gjermand Jensen, som mange bedst kendte under navnet Anders Braad. Han var søn af mine oldeforældre på min fars side og jeg har selv mødt ham. I 1950èrne og 1960èrne besøgte han af og til os i Århus og vi besøgte ham. Når Anders kom til byen, fik han som regel et lift med en lokal vognmand, som satte ham af lige uden for vores dør, men også før den tid skete det, at Anders kom til byen.

Anders har selv fortalt en del om sit liv til familie, venner, bekendte og diverse medier og som voksen fik jeg lyst til, at lære dette menneske bedre at kende. Derfor forsøgte jeg, at finde yderligere oplysninger om Anders for at finde ud af hvor meget, der egentlig var i overensstemmelse med virkeligheden. Det stod hurtigt klart, at den gode Anders langtfra havde fortalt alt, hvilket faktisk er meget forståeligt og menneskeligt.

Efterhånden som vi bliver ældre, har de fleste af os hørt, sagt, gjort og oplevet noget som vi absolut ikke bryder os om at tænke på. Det gør os jo ikke nødvendigvis til gennemførte løgnhalse, ligesom et par voldsdomme heller ikke gør, at man automatisk er voldeligt anlagt. Man bør huske, at se tingene i en sammenhæng.

Denne bogs hovedperson kom ret hurtigt skævt ind på livet. Men han blev, på trods af et hårdt liv med blandt andet sprut, kriminalitet og løsgængeri, over 80 år gammel og døde stille, roligt og, måske overraskende, som en meget afholdt person. Anders var en tørstig mand, ja, men det er nok ikke helt korrekt, at kalde ham en fordrukken sut. Han kunne faktisk godt lade være når han for eksempel var på besøg og han hørte ikke til den type, der bare sad på bænken og drak hjernen ud. Anders blev skærsliber, eller skærslipper som det oprindeligt hed, og blev som sådan betragtet som en vandringsmand, der med sin bør drog rundt for at slibe knive og sakse for folk. Skærsliberfaget var et håndværk på linje med andre fag og før hen kunne en skærsliber sagtens have kone og børn.

Del 1
Hvad Anders har fortalt.

Om sin barndom

Hans barndomshjem brød han sig ikke om at tale om fordi, som han udtalte i 1957: "Far var landarbejder, men ham skal vi ikke skrive noget om. Han var en djævel. Han var af taterslægt".

Senere, i 1962, fortalte Anders dog noget mere om sin barndom: "Vi var 9 børn derhjemme, og min far var en slyngel. Det siger jeg som gammel mand, hvor jeg ved, hvad jeg snakker om, og det har jeg sagt, fra jeg var barn. Han var en slyngel mod os børn og mod mor. Han turede og sjovede og drak så ganske umanerligt, og så bankede han os alle efter noder.

Åh, jeg husker ham den aften, min yngste søster blev født. Han kom tordnende hjem og knuste samtlige ruder i vort bitte, fattige hus. Og der måtte mor så ligge. Bedstefar kom og fik da slået pap for ind til det rum, hvor mor lå og skulle nedkomme.

Mor fik senere den lykke at leve mange, mange år alene, fredeligt og dejligt, som hun havde fortjent det. Så også hun oplevede, at livet kan være skønt. Oprindelig havde min far ellers været dygtig nok. Han gjorde en opfindelse i sine unge dage, der gav mange penge. Han drak hver en øre op, og så gik det helt skævt".

Om sin skolegang

Iet interview fra 1956 fortalte Anders, at han kom ud at tjene, eller blev fæstet væk, på Vinderslev Østergård som 7-årig, altså i 1890. "Vi blev sendt ud at tjene, før vi kom i skole. Jeg blev sendt ud, da jeg skulle til at gå i skole, og bonden skulle som betaling for det umenneskelige slid og slæb, han forlangte af sådan en lille knægt, bare give mig mad og tøj. Det var skralt med begge dele, men dog endnu sløjere med den skolegang, han også skulle sørge for, at jeg fik.

Vi skulle kun gå et par gange om ugen, men bonden havde fundet ud af, at det var billigere at lade mig arbejde. Ganske vist fik han en mulkt (bøde) på fire øre per dag, jeg ikke gik i skole, men han kunne da ikke få billigere arbejdskraft end mig til de otte øre om ugen, vel?

Derfor fik jeg aldrig lært at skrive eller regne, men det er nu det samme. Jeg har rejst jorden rundt flere gange uden at kunne læse èt ord, og det er gået fint.

Jeg husker et par enkelte gange, jeg var kommet i skole, og sad helt nede på den bageste pult. Jeg faldt i søvn, gennemforslidt som jeg var. Hvad gjorde læreren? Han gik ned, løftede mig op og bar mig på sine arme ind i stuen, lagde mig på en sofa, alt sammen uden at jeg vågnede. Der lod han mig ligge til jeg skulle hjem til pukleriet igen. Min lærer blev senere skoleinspektør i en jysk by, og jeg trillede en dag med skærsliberbøren op foran hans hus og gik op og sagde ham af hjertet tak, fordi han var god ved en lille dreng og det kostede aldrig noget, når han skulle have lavet slibearbejde.

Derhjemme på gården havde jeg et uhumsk leje i selve stalden. Vasket blev jeg kun sjældent. Jeg passede kreaturer og måtte op klokken 4 om morgenen. Den start på livet, gav mig afsmag for arbejde siden hen. En dag jeg gik og vogtede køer, fandt jeg på marken et stump avispapir med tegning af en sømand, der var ved at bjærge druknede. Det satte tankerne i sving.

Tænk, at blive sømand og redde mennesker! Jeg sprang på hovedet i mergelgraven med et tøjr om livet og lærte på den måde at svømme".

Anders på Himmelbjerget, fotograferet af N. C. Nielsen.
Kortet var en hilsen til min far, Hjalmar.

Om at stikke af

Jeg stak af fra en umenneskelig tilværelse på min konfirmations-dag (11-4-1897). Jeg skulle køre til mølle den dag, og mens kornet blev malet, skulle jeg gå op og blive konfirmeret. På vej hjem til bonden holdt jeg indenom mit hjem.

Din far, sagde min forslidte mor, var vel i kirken, min dreng? Næh, sagde jeg, men jeg så ham tumle rundt i kroens stuer. Så græd mor lidt. Hun spurgte så: men du kommer vel et smut i eftermiddag, så vi kan have det lidt festligt sammen, min dreng? Nej, svarede jeg, for bonden har sagt, at jeg skal hente to læs mergel i Hinge Sø. Så græd mor igen.

Da jeg kom hjem til bonden, piskede han mig fordi jeg havde været for længe undervejs! Om aftenen gik jeg ind til ham og bad om 12 kr. Jeg løj for første gang i mit liv, da jeg sagde, at de var til min far. Bonden gav mig dem, og da alle var gået til ro, stak jeg af over mark og eng til Silkeborg, tog morgentoget, havnede i Hamborg og, nå ja, kort fortalt: det blev til 20 år på søen (1897-1917)".

Hvornår Anders egentlig stak af er lidt usikkert. I 1957 fortalte han følgende:

"Da jeg havde besluttet, at jeg ville ud at rejse, gav mor mig et par nye træsko og noget tøj – mor var nemlig god – og da min fæste-kontrakt udløb et års tid efter konfirmationen (altså 1898), løste jeg billet til Hamborg".

Det skulle dog være ganske vist, at første mål på rejsen var Silke-borg, hvortil han drog med den fyrstelige sum af hele 12,86 kr. på lommen:

"Jeg havde dengang aldrig før været i Silkeborg, men jeg spurgte mig frem til jernbanestationen, og her bad jeg om en billet til Hamborg – for jeg skal være sømand, sagde jeg til billetmanden. Billetten kostede nøjagtig 11.86 kr., og med den resterende krone på lommen stod jeg af i Hamborg og fandt ned til havnen.

Da jeg kom frem, så jeg en dansk fuldrigger ligge lige for. Jeg gik op og spurgte: er manden hjemme? Det skulle jeg nu ikke have sagt. Jeg havde nær fået øretæver, for en kaptajn er nemlig ikke nogen "mand". Han var i øvrigt en flink fyr, men han havde nu ingen brug for mig, så i stedet skaffede han mig hyre på en tysk fuldrigger, der lå i Bremerhaven og som skulle sydpå. Den var jeg på i 7 år (altså indtil ca. 1905) og derefter sejlede jeg med to andre fuldriggere, så nogen flakke var jeg ikke".

Om livet som sømand

I 1956 oplyste Anders, at der gik ca. 18 år (fra ca. 1897/98 til 1915/16) før han igen fik dansk muld under fødderne. Han gik først i land da sejlskibene forsvandt, for som han sagde: "Jo, da fuldriggerne forsvandt, gik jeg også. Damperne bliver aldrig rigtige skibe for mig".

Et år efter fortalte Anders, at hans sømandsliv varede i 20 år, altså indtil 1917/18 og han gav også en anden grund til at holde op med at sejle: "Forstår De, der er ikke nogen fidus ved at sejle, hvis man vil se sig om. Man ser kun vand og vand. Så var de 30 år (ca. 1924-54) på landevejene meget mere interessante".

I et andet interview fra 1957 berettede Anders: "Så kom jeg ud at sejle og fòr på havene i 11 år, indtil jeg var 25 år (1908). Det at være sømand er et underligt job. Jeg har aldrig gået en gade lang i en fremmed havn. Næh, det var tværs over gaden og ind på en beverding".

At Anders nok havde set andet end den første den bedste beverding, fremgik af et andet interview fra 1962: "Jeg har set den store verden, set dens vidunderligheder, men også dens elendigheder i et omfang, der grænser til det ufattelige. Det gjorde mig altid mest ondt, når jeg så elendigheden gå ud over børn. Når de lå døende af sult i havnebyernes rendestene, krympede mit hjerte sig. Jeg gav dem af mine egne små midler, så langt jeg kunne. Om end det hjalp som den berømte dråbe i det lige så berømte hav. Vel er verden blevet bedre i de år, der er gået, siden jeg så den på kryds og tværs. Men jeg tror desværre stadig, at millioner af børn lider forfærdende ondt derude".

Ligeledes i 1962 uddybede Anders èn af sine grunde til at gå fra borde: "Så skete mit livs tragedie – sejlskibene gled ud til fordel for damperne, og jeg gik med sorg om hjertet i land. Jeg kunne ikke døje de osende uhyrer, der brækkede sig vej gennem søerne, hvor sejlskibene fløD så yndefuldt som mågen".

Om livet som vagabond

Efter tyve års forløb (altså 1917/18) vendte jeg hjem. Den sidste fuldrigger, jeg havde været med, skulle lægges op.

Så var der jo lige det, hvad jeg nu skulle give mig til. Jeg havde aldrig lært andet end at sejle, og så fik jeg det råd, at købe en slibebør. Jeg fik et kort kursus i sliberiet hos en bandagist i Århus, og så drog jeg ellers ud på den vandring, der, praktisk taget uden afbrydelse, skulle vare i fyrre år (indtil ca. 1954).

Jeg var jo lige et smut hjemme hos mor først. Hun havde i alle de år aldrig hørt et ord fra mig. I mellemtiden (1906) havde min far hængt sig og så havde mor det godt vidste jeg. – Hvorfor skrev du ikke, min dreng, spurgte hun, så jeg fik vished for din skæbne? Jeg havde mine anelser om, at du ville komme en dag, men et brev havde dog gjort angstfyldte dage og nætter overflødige? –

Har du glemt, mor, var mit svar, at jeg aldrig fik lært at skrive? Og hvor jeg kom i verden, traf jeg aldrig èn, der kunne mit eget sprog, så jeg kunne bede ham skrive.

Hver gang jeg kom på de kanter af landet, hvor mor boede, så jeg selvfølgelig ind til hende. Hvis ellers jeg da var i en sådan tilstand, at jeg kunne være bekendt at vise mig. Mor har aldrig set mig beruset. Så gik jeg hellere hendes dør forbi, for hun havde set beruselse nok. Ved de lejligheder, hvor jeg kom forbi, sørgede jeg for, at der blev sendt forskellige fødevarer hjem til hende: smør, mælk, kød, fisk og sådan. Som en lille hilsen fra hendes farende dreng.

Om hun nogen sinde lærte at forstå min tilværelse – jeg var den eneste af hendes børn, der "skejede"ud, hvis De vil kalde det sådan! – ved jeg ikke. Men jeg fik i hendes senere år talrige beviser på, at jeg stod hendes hjerte nær. Hun skulle lige have oplevet, at hendes søn, skærsliberen, fik bestilling fra en biskop eller sådan en høj præst på et kirkeskib! Og oplevet, at han kunne lave det så godt som nogen. Da det skete var mor for længst under mulde".

"Så begyndte jeg at gå på vejene, og efterhånden fik jeg mange venner. Vi traf sammen i byerne, fik en gang snak – og så lidt til at smøre snakketøjet med.

Det var en drøj tid mange gange, så drøj, at vi bare for at komme ind i varmen løb hovedet ind i en betjentmave! Andre gange gjorde jeg så alt for at undslippe dem. Jeg husker engang i Randers, hvor en betjent truede mig; jo, jo, jeg bor i Søren Møllersgade, sagde jeg, og nu går jeg roligt hjem. Godnat hr. betjent.

Da jeg en halv time senere kom ud fra en anden beværtning, ville uheldet, at jeg løb på den samme betjent igen. Jeg var vist ikke, hvad man kalder helt appelsinfri, men jeg synes ikke, at jeg havde gjort noget, så jeg stak af – og betjenten lige efter. Så så jeg en faldlem og susede lige ned og betjenten susede forbi. Desværre var jeg faldet lige ovenpå en skarndynge og kort tid efter kom en kone og tømte en topfyldt spand aske lige i hovedet på mig! Alt imens gjorde jeg mit bedste for at holde pinen ud.

Det endte med, at jeg kom med en jernbanemand hjem, blev vasket og fik et sæt aflagt tøj. Det solgte jeg for 30 kr, og om aftenen blev jeg så fuld, at betjenten endelig fik fat i mig. Bøden var på 60 kroner. Det var 10 dage dengang. Jeg bad så mindeligt om en bøde på 300 kr, så jeg kunne sidde noget længere, men så blev politimesteren så vred, at han smed mig ud med det samme!".

Apropos politiet, så var det åbenbart dem, der lærte Anders at skrive lidt:

"Jeg kan stave mig igennem nogle enkelte ord og politiet fik lært mig at skrive mit navn. Det var jo nødvendigt, når man skulle kvittere efter at have siddet inde. Ja, ja, det var ikke så slemt, men der var jo en tid, hvor man kunne få dage for betleri. Det får man ikke mere (jo, i 2017).

Syg? Jo, èn gang. Det var, da jeg lå i en skov i to nætter hvor det uheldigvis øsregnede begge nætter. Jeg fik en lungebetændelse. Men det var også en dejlig tid. Man var fri – helt fri. Jeg ved godt, at der er mange, der ikke regner de gamle vagabonder for noget, men vi har en opgave når vi går på vejen. Vi er nemlig skræmmebilleder, skal jeg sige dem. Vi skræmmer borgerskabet, og ærlig talt, jeg tror, det sommetider er nødvendigt".

"Vi havde vore bestemte hemmelige mærker ud for de hjem i hver en by, hvor det var godt at komme med en skærsliberbør, og der var altid venlige mennesker.

Således havde jeg fået lov til at ligge på lageret hos en mand i Horsens (eller Hobro), der lavede ligkister. Han lagde noget halm i bunden på èn af dem, og jeg sov som en greve. En ven klagede engang en kold nat sin loginød for mig. Jeg sagde: kom med mig. Jeg har tredive opredte senge. Men han betakkede sig, da han fik set mit tilbud nærmere efter".

Efter den hændelse, fik Anders tilnavnet "Ligkisten". Andre af Anders` fæller fik navne som for eksempel "Kartoffelmorderen", "Komlystigfrem". "Peter Langfart"og "Skrubtudsen".

Anders selv var åbenbart ikke sart: "Selv har jeg såmænd tit sovet trygt i en vejgrøft, mens sneen føg ind over markerne, ja, det er også hændt, at en mælkekusk en vintermorgen samlede mig op, da jeg lå i grøftekanten, helt stiv af kulde. Men der kom liv i kludene, da jeg kom ind til kakkelovnen. Forkølet? Aldrig".

"Man havde jo mange oplevelser på rejsen. Således var der engang ved Gl. Rye, at jeg om natten var kravlet ind i et sprøjtehus, hvor der lå en dynge små graner. Hillemænd, tænkte jeg, her skal nok være gilde i morgen, det er lige noget for dig. Om morgenen kom der to mænd og vækkede mig. Det var pænt af dig at passe på min svigerfar, sagde den ene, nu må du hellere komme med ind og få en kop kaffe. Men jeg fik ingen kaffe. Konen besvimede nemlig, da hun hørte, at jeg havde sovet ved siden af hendes (afdøde) far! Jeg kunne jo ikke vide, at han lå lig i sprøjtehuset, og at granerne ikke var til noget gilde, men til hans begravelse.

Nede ved Låsby lå vi engang to i rejsesengen. Den havde været høj hele dagen, og ud på natten var der pludselig ikke mere liv i makkeren, det var Peter Nifinger. Delirium, sagde doktoren dagen efter. Karlen turde ikke vække krofatter midt om natten, og så krøb jeg da i seng igen. En død mand gør ingen fortræd. Men næste dag kom både den ene og anden og skulle se den fyr, der havde sovet hos en død, så den blev høj igen. Dengang gik der ofte en hel måned, hvor man ikke fik noget at spise. Man drak sin føde ind".

Når Anders var indendøre, i for eksempel en arrest, benyttede han lejligheden til at fremstille modelskibe til blandt andet Thorning Kirke. Om han også lavede et skib til Budolfi Kirke i Ålborg er ikke bekræftet, men det skulle så have været på et tidspunkt efter 1936 da hans mor døde. I Odense blev han fri for at klistre poser, da det kom for en dag, at han kunne skære fugle i træ:

"Da jeg slap ud, havde jeg 45 fugle, og de var solgt på 7½ time. Så havde jeg over 300 kr på lommen, og I kan tro, jeg fik en ordentlig kæfert.

Politiet var såmænd meget flinke; vi var jo medgørlige folk. Det vil dog sige, der var engang i Silkeborg, at en kammerat fik et stykke flæsk i den gale hals, så han ikke mere kunne trække vejret. Da ville man ikke fortælle, hvornår begravelsen skulle være. Vi fandt nu ud af det alligevel, og da de havde gravet makkeren ned, gik vi ind på kirkegården og plantede et grantræ og en flaske sprit (kogesprit) på graven og sang en rigtig fædrelandssang. Men så kom de også i stor udrykning og splittede selskabet. En hæderlig begravelse havde han imidlertid fået".

Cirka 35 år på landevejene ifølge ham selv (ca.1919-54). Drak sprit, helst blandet op med en pægl tobakssovs. En flaske kogesprit og et ukendt antal bajere om dagen.

"Spritten holder sygdomme væk, selv om den var enkelte for stærk. Selv har jeg aldrig været syg. Men jeg husker en kammerat ude ved Videbæk. De vidste alle sammen, at en skærsliber havde sprit i skabet og var altid glade for at se os.

Nu kunne jeg se på ham her, at han var syg, så jeg foreslog, at vi satte os på diget så længe. Tag dig en dram, sagde jeg, det skal nok hjælpe. Der er en halv mil til kroen endnu, så du må holde dig oppe.

På kroerne lagde vi altid vore papirer på bordet om natten, men da jeg vågnede om morgenen, var kammeraten forsvundet. I skyndingen havde han taget mine papirer og jeg gik efter Ringkøbing til for at finde ham der. Men han var i stedet gået mod Herning, og jeg fik så at vide, at han natten efter var død på Herning Sygehus.

Det var underligt, at høre om al den deltagelse ved, hvad folk troede, var min død og begravelse. Der kom seks kranse, og det mindste man kunne gøre, var da at gå rundt og sige tak. Det gav en daler hvert sted – men man kunne da ikke være andet bekendt".

"På landevejene holdt jeg mest af at vandre alene. Kun sjældent slog jeg følge med en kollega. Jo, for var vi to sammen, gik der flere søk af flasken hver gang. Det kunne aldrig svare sig. Og så var de altid så tørstige, de fremmede. En flaske, der skulle vare en dag, slog kun til en time.

Det var gode år. Jeg kom godt ud af det med folk, sleb knive og sakse til så rimelige priser, at jeg altid kunne komme igen. Vigtigt var det, at holde sig gode venner med børnene. De kunne, ved at gå i forbøn hos mor, skaffe en ekstra kniv – men så fik de til gengæld også det halve af fortjenesten.

Af de cirka 85 kammerater, jeg havde dengang, er kun tre tilbage (i 1962), resten er borte. Nogle dræbt ved trafikulykker, andre omkommet ved teglværksbrande. Husk, vi lå jo ofte og sov på de dejligt varme ovne. Selv er jeg blevet kørt over tre gange, men hver gang påtog jeg mig skylden, for se, jeg havde jo masser af tid til at ligge på hospitalet og sunde mig – i modsætning til bilisterne, der var travle folk. Om jeg for resten begriber, hvad folk haster sådan efter".

"Kan en vagabond være medlem af en fagforening? Ja, det kunne han, eller hun, dengang udmærket, forudsat at vedkommende ikke påtog sig arbejde, for så var det ud!"
"Vi stiftede fagforeningen på Dybvad Teglværk engang ved juletid. Vi betalte 5 kroner om året og fik kæmmeren i Holstebro til at passe på pengene. Nye medlemmer skulle have gået i 10 år uden arbejde

for at kunne optages. Vi måtte godt gøre folk tjenester på rejsen samt slibe knive og lave husflid. Der var engang èn, som tog arbejde, han blev ekskluderet omgående. Vores fagforening ejer efterhånden 5000 kr (i 1957), og den, der lever længst af os får alle pengene. Den ældste er 88 år, og han går stadig med slibebøren (i 1956)".

I 1957 var der, ifølge Anders, efterhånden kun 5 tilbage i vagabondernes fagforening (i 1956 var tallet 21).

"Der blev kørt tre ihjel sidste år (1956). Nogle fryser ihjel og nogle drikker sig ihjel, det kan gå hurtigt. Den sidste levende skal formentlig bruge pengene på at drikke sig ihjel så hurtigt som muligt, så han kan følge efter de andre! Hvis jeg bliver den sidste, kan jeg jo gøre, hvad jeg vil.

Der bliver ikke taget flere medlemmer ind nu, for der er nemlig ingen vagabonder i Danmark ud over os, der er tilbage, og vi er ved at gå ud i toppen. De unge i dag er bisser, der kun er ude på optøjer og slagsmål, og de skader os andre fra de rigtige banebørsters tid".

Om kirkeskibe og andet træarbejde

Anders fortalte i 1961 om de fugle som han skar ud af små træklodser. Når de blev hængt op i en tynd tråd under loftet, kunne de bevæge sig ved den mindste luftning:

"Ja, de fugle har jeg lavet mange af i årernes løb, og jeg sælger mange af dem til turisterne. Det med kirkeskibene, hvordan det kom? Tilfældigt. Jeg har altid vidst, at jeg har haft noget i fingrene, og mens jeg gik på vejene, begyndte den tanke at arbejde hos mig, at jeg egentlig burde lave et skib mage til dem, jeg i min drengetid og ungdom fór på havene med. Så ind i mellem sliberiet og spritten snittede jeg og gjorde ved. Så en dag var det første skib der, det, der nu hænger i Thorning Kirke":

Skibet i Thorning Kirke som Anders har fremstillet. Fotograf: H. E. Gjermandsen.

"En dag, da biskoppen, eller en anden stor præst i Ålborg, besøgte kirken, blev han så begejstret for skibet, at han udtrykte ønske om at få en sådan model ophængt i Budolfi Kirke i Ålborg. Så en dag lå der en besked på min rute til mig om, at jeg skulle kigge op til en af kirkens store mænd i Ålborg, når min vej kom forbi. Den dag, jeg kom til Ålborg, stillede jeg sliberbøren uden for hans flotte hus og gik ind og præsenterede mig.

Det var godt du kom, Anders, sagde han, for vi skulle grumme gerne have lavet et kirkeskib"

"De indkvarterede mig i en pension, mens jeg arbejdede med skibet, jeg boede skam som en greve og tilbragte nogle hyggelige måneder med at fremstille kirkeskibet. Da det var færdigt, kom biskoppen, eller hvem det nu var, og sagde, at det så nydeligt ud. Men han havde tilsagt tre skibskaptajner, så de kunne sige god for skibet. Lad dem bare komme, sagde jeg. Er de rigtige skibskaptajner, vil de besvære sig over, at skudens bovspryd stikker lidt for meget i vejret, men det er af dekorative grunde. Kan de ikke se den fejl giver jeg ikke meget for deres kaptajneri! De kunne se fejlen, men det er også den eneste, der er på den skude.

For arbejdet fik jeg et kontant beløb og tøj fra yderst til inderst. Vorherre har sikkert tilgivet mig, som så mangen gang før, at jeg købte sprit for pengene og delte med mine venner på vejene. De og jeg kom i det daglige aldrig himmerige nærmere, end når vi havde flaskerne. En usselig måde at komme himmerige nær på, siger de alle, dem, der tør kaste de første sten. Hvad ved de dog om det?"

Eller med Sigfred Petersens ord fra 1955: "Den, der har pligter, kan sagtens dømme en pjalt, som ikke betaler skat".

Til gengæld skulle det være sikkert og vist, at Anders var manden bag skibet i Thorning Kirke og hvordan det øjensynligt gik til, fremgår af Smidt Madsens erindinger I, side 298: "Jeg husker, at han i 20 (1920) lavede et sejlskib og kom til mig, om jeg ville hænge det op i mit butiksvindue til salg til fordel for en skærsliber, der havde sin beboelsesvogn på markedspladsen, og ikke kunne få så mange penge, så han kunne komme fra byen. Der trådte Anders til og lavede et træsejlskib som jeg solgte for ham til manufakturhandler I. C. Wolsgaard for 35 kroner, og I. C. W. forærede skibet til Thorning Kirke, hvor det blev ophængt ved en højtidelighed".

Et andet øjenvidne var Laurids Bindsløv, hvis far var arrestforvarer i Kjellerup fra 1925-46. I ung på Blicheregnen I fra 1990 fortalte han:
   "Dog husker jeg klart, hvor chokeret jeg blev, da en politibetjent en aften kom med den første arrestant og indsatte ham med en håndfast rutine, trods hans larmende protester. Det var såmænd Anders Bråd og han vendte jævnlig tilbage til arresten, når hans ture på landevejen førte ham omkring Kjellerup. Kiggede han for dybt i flasken, så han sig gal på folk omkring sig og afreagerede så groft og højrøstet, at han blev meldt og anholdt for gadeuorden.
   Han var undertiden ret forkommen af sit barske liv, og han kunne ligefrem hygge sig, når tømmermændene var overstået og afsoningen sikrede ham et par uger med god mad, rene lagener og varme tæpper i en lun celle. Han kunne slibe sakse og knive, så de kunne kløve et hår, og det var ofte mig, der skulle trække slibestenen, mens han diskede op med, altid stuerene, historier (Bindsløvs far anså åbenbart ikke Anders for at være en særlig farlig person siden han lod sønnen følge med Anders).
   Anders Bråd var utrolig fingernem, og hans glansnummer var byg-

ningen af et elegant, tremastet modelskib. Det var dog så kompliceret et projekt, at det strakte sig over adskillige afsoninger og som Anders sagde: "De kan bare stille det hele til side, arrestforvarer, så kan jeg fortsætte næste gang, for jeg kommer jo nok igen". Da skibet var færdigt, blev det anbragt på klaveret i dagligstuen, - og derefter fik vi regelmæssigt besøg af Anders Bråd, som med en kæp i øret ønskede at se sit værk, hvis fornemme placering han var meget stolt af. Efter sådan en visit ventede vi næsten at se ham i arresten, inden dagen var omme".

Anders var for øvrigt ikke den eneste af de såkaldte brodne kar, som var fingernem. I Terndrup Kirke i Himmerland hænger der et skib fremstillet i 1924 af en tidligere fange i Terndrup Arrest hvor også Anders har været. Hans navn var Hans Peter Verge.

I samme bog (side 203-204) giver også Orla Nielsen et ret positivt syn på Anders: "Til de mere fredelige sager hørte personen Anders Braad, vor lokale spritter. Han levede en overgang af en blanding af kogesprit og karbid, som selv en hærdet spritter som Kobbersmeden ikke kunne klare. Anders måtte ofte en tur i detentionen. Senere blev han afholdsmand og levede sine sidste år på Vinderslev Hvilehjem".

Om familie

Jo, jeg har noget familie, men jeg ved bare ikke, hvor størstedelen er henne og de er så fine, at det er helt uhyggeligt. Ja, jeg har en søsterdatter, som altid har været god ved mig. Hun forstod også en forhutlet vagabond. Engang besøgte jeg hende på et fint hotel i København, og der kom øl og brændevin op på en sølvbakke, men aldrig har jeg set så små brændevinsglas. Hun forstod det hele; drik du bare af flasken, sagde hun, og det gjorde jeg så. Som vagabond ved man, at tre syk af en flaske kan nå maven".

"Tove Maës (èn af datidens mest kendte skuespillere) er for resten noget af min familie, hvis de vil vide det. Jeg besøgte hende engang på Hotel d 'Angleterre i København. Det var lige det, jeg fik lov at komme op, men op kom jeg alligevel, og vi fik en hyggelig snak om vort familieskab, og da vi fulgtes ned ad trapperne, stak hun en seddel i hånden på mig. Jeg ville ikke se på den, sålænge hun var der, men siden så jeg, det var en hundredkroneseddel. Hvis jeg havde haft lidt mere af den slags familie, tror jeg næsten, jeg ville have bevaret kontakten".

At Anders skulle være i familie med Tove Maës er ikke bekræftet, men på et billede af Anders i hans værelse i Ans (Randers Dagblad 16-9-1961) hang der et billede på væggen, som godt kunne ligne Tove Maës.

I Blicheregnens Museumsforenings Årsskrift 1994 oplyser Hans Kruse, at Anders` søster Amanda var gift Maes, men ikke i familie med Tove Maës, som i øvrigt ikke vedkendte sig historien.

Ja, hvad mente Anders egentlig? Lavede han sin niece om til Tove

Maës, eller har han faktisk mødt sidstnævnte? Under alle omstændigheder var den gode Anders ikke nogen dårlig historiefortæller.

Her har Anders besøg af to af hans bror Jacobs børn, Ragna og Hjalmar.
Sandsymligvis i Ans, cirka 1961-62.
Fotograf: Oda Gjermandsen.

Om at være pensionist

Jeg er bare en gammel vagabond, som har levet et vildt liv fra mit fjortende år (1897), men det var en dejlig tid, og jeg fortryder ikke et øjeblik".

Sådan udtalte den da 72-årige Anders, som selv brugte efternavnet Braad, sig i et interview et par år efter at han "slap slibebørens håndtag"i 1954 for at blive, som det hed dengang, aldersrentemodtager, først i Salten og siden i Them på et værelse i 1956.

Han slap øjensynligt også alkoholen, for, som han sagde: "Jeg vil ikke drikke mig ud af min varme seng". Rygningen derimod havde han i 1956 åbenbart ingen planer om at skære ned på. Han røg på det tidspunkt 40 cigaretter om dagen!

På værelset i Them hang i øvrigt to små håndskårne fugle i træ som Anders havde lavet, hvoraf èn af dem kan ses på museet i Thorning. Dette er heldigt, da min søster og jeg ikke har bevaret de to fugle vi engang fik af ham. At Anders vitterlig var fingernem, er skibet i Thorning Kirke også et meget synligt tegn på.

"Og nu sidder jeg her. Det er to år siden (1954), at jeg lod slibebøren stå et eller andet sted. Det skulle jo have en ende engang. Sengen og bordet her er mit eget, og folk er så flinke imod mig. Tænk Dem, til jul fik jeg 310 cigaretter!

Nu har jeg alle mine venner i Them. Jeg rører aldrig mere én dråbe spiritus – for enten skal man være fuld hver dag, ellers skal man holde sig fra det.

En gang i mellem er jeg – hvad er det, de kalder det – babysitter hos nogle bekendte, som overlader hjem, barn og alting til en gammel vagabond. Værs'go! Det luner!"

Èn af Anders` fugle. Ukendt fotograf.

"Nu har jeg jo fået mit eget. En gang i mellem skærer jeg nogle små fugle, som jeg giver væk. Der er dem, der har foreslået mig at starte en produktion, men hvorfor skulle jeg det? Jeg vil give dem væk. Det er vel ikke for meget, når jeg tænker på, hvad folk har gjort for mig her i byen".

Til et spørgsmål om, hvad han ville gøre, hvis slibebøren var i nærheden, svarede Anders: "Jeg har det godt nu, men helt som dengang, hvor man kunne gå, hvor man ville og ingen havde at tage hensyn til, er det nu ikke, men jeg ved ikke alligevel. Man bliver gammel efterhånden og jeg kan lide min lune seng. Når jeg er kommet i den om aftenen, ligger jeg altid og tænker på mine venner, der nu ligger ude og fryser. Så trækker jeg dynen godt op over skuldrene og nyder tilværelsen".

Året efter, i 1957, var Anders åbenbart flyttet til et værelse i Virklund og her blev han beskrevet som noget af en livskunstner, som uden omsvøb fortalte om sit liv. Han var, i hvert tilfælde som pensionist, ven med alle, ikke mindst børnene. Som han sagde dengang med et glimt i øjet:

"I dag har de allerede kostet mig tre og en halv krone, men det gør ikke noget, for det sker jo også, at forældrene giver en kop kaffe. Mennesket er jo en beregnende natur.

Nu er det 4½ år siden (altså 1951/52), jeg har drukket sidst. Jeg sagde til mig selv, at hvis jeg skulle drikke min aldersrente op, kunne jeg lige så godt blive på landevejen. Der skete dog det, at jeg var blevet syg og lå ude i en skov og ville trodse Vorherre, men den gik jo alligevel ikke. Jeg blev indlagt på sygehuset i Brædstrup med lungebetændelse og lå i to måneder. Da jeg skulle udskrives, lovede overlægen mig, at hvis jeg nogensinde mere drak kogesprit, ville jeg dø omgående.

Det er godt med dem, hr. overlæge, sagde jeg, men det her hospitalsstøv skal jeg nu ha` ud af halsen inden jeg skal hinsides. Og så drak jeg mig da så fuld, at man fandt mig liggende i et løgbed ved alderdomshjemmet i Them. Jeg fik to bajere at komme til live på, og siden har jeg ikke drukket. Men jeg fik nu skikket bud til overlægen, at han ikke sådan kunne bestemme hvornår folk skulle dø.

Jeg har oplevet meget, men det har faktisk været skidt alt sammen, ikke noget at prale af. Men jeg tror ikke, jeg er uvenner med nogen, og der findes mange gode mennesker".

I et andet interview fra 1957, som også foregik i kælderværelset i Virklund ved Silkeborg, blev Anders kaldt for "Ans`Braad"(efter byen Ans), og der er et billede af Anders stående ved siden af sin slibebør som han åbenbart stadig var i besiddelse af i 1957, for som han sagde: "Endnu har jeg min gamle slibebør, for man ved jo aldrig hvad fremtiden bringer".

Anders blev aldrig gift for: "Det har der ikke været tid til, og det ville også være synd for den kone. Man kan ikke byde hende at leve af socialhjælp eller sende hende på arbejde. Selv fik jeg jo nok af det værk, da jeg var syv".

Som pensionist gav Anders, også på undertegnede, indtryk af at være en meget proper og renlig person. Hans værelse i Virklund blev beskrevet som ordentligt, næsten sirligt og spiritus havde (næsten) været bandlyst siden han holdt op med at gå på landevejene i 1954. Folkepensionen skulle ikke drikkes op.

Som nævnt var der i 1957 ikke så mange af hans gamle kammerater tilbage, så han så ikke så mange mennesker, men: "Jeg har ikke engang været med på de gamles udflugt de andre år, men i år tror jeg, jeg vil. De skal nemlig til de her høje i Jelling – og der har jeg drukket møj sprit i mine dage".

Fire år senere boede Anders som sagt i et lille værelse i Ans med fotografier af børn og unge mennesker.

"De fleste af billederne er foræringer fra børn, som jeg tidligere har været babysitter for. Jeg har i mange år haft den tjans at holde små børn med selskab, når deres forældre var i byen, og jeg kom på den måde til at kende mange børn og stifte venskab med dem, og det blev ved med at holde. Børnene bliver ved med at besøge mig, også efter at de kommer helt op i den voksne alder, så jeg stadig kan have deres ansigtstræk for øje, når jeg sidder her i mit værelse".

På spørgsmålet om det ikke var svært at holde op med et så omskifteligt liv, svarede Anders: "Det var såmænd ikke så vanskeligt, men i de første år kom jeg dog en del omkring, idet jeg rejste rundt til de store auktioner og opkøbte gamle møbler og den slags. Medens jeg var skærsliber, havde jeg brugt mine øjne overalt og havde lagt mærke til, hvad folk satte pris på af gamle møbler, så det fandt mig ikke vanskeligt at finde købere, og jeg kunne godt tjene en skilling på mine auktionsvarer".

"Jo, jeg tjente ellers godt som skærsliber. Jeg gik altid alene og søgte ikke selskab med andre af landevejens folk. Jeg fik kunder over hele Jylland, og da jeg ikke tog for meget for mit arbejde, fik jeg nok at bestille, så hen ved middagstid havde jeg allerede tjent en god dagløn.

Men pengene gik dog lige så hurtigt ud som de kom ind, det vil jeg ikke skjule. Men det var et dejligt liv, og man kom til at kende mange, rare mennesker, der altid tog godt imod mig. Særlig børnene var mine venner og de var altid glade, når jeg dukkede op med børen. Men nu kan jeg få pengene til at slå til, så rigeligt endda. Den eneste luksus jeg tillader mig nu, er et par pakker cigaretter nu og da, så folkepensionen og det jeg tjener ved mine uroer, kan sagtens slå til".

"Børn i alle aldre er stadig mit bedste selskab. Jeg arrangerer også udflugter for de børn her på egnen, som ikke kom med på skolens sommerudflugt. Så lejer jeg en bus eller to til børnene, og så kører vi en tur ud i omegnen og drikker sodavand og spiser kager et eller andet kønt sted. Når vi kommer hjem er børnene glade og de giver mig et hurra. Det er mere end løn nok for mine udgifter".

Nogle måneder senere, i januar 1962, lagde Anders endnu engang ryg til et interview, denne gang i det landsdækkende ugeblad Illustreret Familie Journal. Heraf fremgår det, at han har været skærsliber i 40 år (1914-54), ikke er medlem af folkekirken og stadig skærer fugle. Helbredet hos den da 78-årige Anders fejler ikke noget, bortset fra lidt knas med det ene ben. Heller ikke nogen form for rysten på hånden var der tale om.

"For jeg skal sige Dem, jeg er blevet hærdet i livets hårde skole, om nogen er det. Jeg skammer mig ikke over i dag at sige, at jeg i de 40 år drak mine 1-1½ flasker kogesprit hverdag – plus diverse pilsnere.

Den dag jeg satte skærsliberbøren, samlede jeg så mange af mine venner fra vejene, som jeg kunne få fat i, og så holdt vi alletiders gilde. Helt i den gamle stil. Da gildet var på sit højeste, slog jeg på spritflasken og sagde til dem: Så, drenge, se nu godt efter, for nu tager Anders Braad sin sidste slurk sprit. Det grinede de noget af, for hvem har vel hørt om en mand, der har drukket lige så meget sprit, som der er vand i Silkeborg-søerne, at han sådan lige med ét kan holde op.

Jeg har ikke rørt flasken siden. Undtagen når jeg skulle hælde sprit på mit sprit-apparat. Og den eneste spiritus, jeg har fået i de 8 år, der er gået siden hin dag (altså 1954), er de dramme og de pilsnere overlægen gav mig, da jeg lå på sygehuset".

Da Anders holdt op med skærslibergerningen, skulle han på et tidspunkt have foræret sin vogn – ifølge ham selv Danmarks flottest dekorerede – til en kammerat som nu slider landevejene med den.

"Ja, jeg har fartet landet rundt, og altså altid med en flaske kogesprit i skabet, men nu har jeg været afholdsmand de sidste år.

Nu kniber det bare med at få cigaretter nok. Ti om dagen er for lidt, men der er ikke råd til mere. Det er nok muligt, at cigaretter er skadelige, men det er fordi folk nu om stunder er så svagelige, at de ingenting kan tåle.

Nu sidder jeg her i mit dejlige værelse og skærer fugle, efter en teknik, jeg selv har lavet (snitteriet har han dyrket hele sit liv). Der har været bud til mig om at snitte et kirkeskib eller to mere, men jeg har sagt nej. Anders har snittet de skibe til Vorherres ære, som han bryder sig om at snitte, siger jeg, men et par kønne og glade fugle kan i få. Hvis I har tid til at vente, for der er mange, der vil købe fugle hos den gamle skærsliber, rigtig mange endda."

Træskærerarbejdet dyrkede Anders stadig i juni 1962 på hvilehjemmet i Ans, men gik nu ikke ud længere. Dermed var det slut med at være babysitter, men han havde stadig en snes fotografier af børn stående på sin kommode, og som han sagde: "Nu sidder jeg og filosoferer over livet og glæder mig over minderne. Ind i mellem kaster jeg et blik i avisen, selv om jeg faktisk aldrig fik lært at læse i skolen. Ord på ti bogstaver eller derover hopper jeg ganske stille over, så min læsning bliver, ja, lidt pletvis.

Men skidt med det. Når man har sejlet på de syv verdenshave og travet Danmark igennem på kryds og tværs, kender man verden og menneskene bedre end de fleste".

Del 2
Om Anders

Familie

Braad, Bråd, Brå, Brad, Brod. Kært barn har mange navne, siges det, men i dette tilfælde er alle navnene forkerte. Anders yndede at kalde sig Braad og blev, naturligt nok, også kaldt det, men han blev faktisk døbt Anders Gjermand Jensen.

Han kom til verden den 7. april 1883 i Tindbæk i Skern Sogn, Viborg Amt som søn af 30-årige Jens Braad Gjermandsen og den 27-årige Marie Jepsen. Anders blev døbt i kirken allerede den 15. april og der har været rygter om, at præsten ikke ville døbe Anders med efternavnet Gjermandsen, men det har næppe noget på sig.

Anders fik, som hans 8 søskende, simpelthen efternavnet Jensen efter sin fars fornavn, Jens. På samme måde som Jens, da han blev døbt i Lee Kirke 1-1-1853, kom til at hedde Gjermandsen efter sin far, insidder Gjermand Andersen, som altså er undertegnedes tipoldefar. Når man kender til de, ikke særlig positive, følelser som Anders nærede for sit fædrene ophav, kan det undre, at Anders i den grad brugte sin fars mellemnavn som kaldenavn.

Det ser ud til, at Marie og Jens, som var lutheranere, også i 1880 boede i et hus på matrikelnummer 10 i Tindbæk, som var beliggende indenfor det, man dengang kaldte Viborg Amt, Skjern (eller Skern) Sogn og Middelsom Herred. Mere overskueligt er det måske, at konstatere, at Tindbæk ligger cirka midt i mellem Randers og Viborg.

Senere rykkede familien til Kjellerup, som er placeret 16 km nordvest for Silkeborg og 22 km syd for Viborg. Kjellerup er nutildags en by med omkring 5000 indbyggere, hvilket er cirka fem gange så mange som i 1901 hvor der boede 986 personer i byen. Da Anders døde i 1965 var man oppe på 3000 indbyggere.

Jens Braad Gjermandsen var oprindelig insidder, eller inderste, og daglejer. Sidstnævnte var en person, som ikke havde noget fast arbejde, men lod sig hyre til løst arbejde for èn dag ad gangen. Som insidder boede Jens og hans familie til leje på en gård, så man kan roligt sige, at Anders kom fra små kår.

Marie, eller Ane Marie Jepsen som hendes fulde navn var, og Jens blev gift den 16. april 1878 i Levring Kirke. Hun var da 24 år gammel og han var 26 år. Det ser ud til, at de fik deres første barn, en søn, i 1878 i Hørup. Mens de boede i Tindbæk i 1880 fik de, den 13. marts, endnu en søn, som fik navnet Jacob Jensen og som senere blev min farfar. Efter en datter i 1882 kom så Anders i 1883 og endnu en søn i 1886. Fra 1892 til 1900 fik ægteparret yderligere 4 børn, altså ni i alt i løbet af 22 år. I år 1906, da Jens døde, var der så "kun"3 ukonfirmerede børn, der boede hjemme.

I 1890 var familien Gjermandsen flyttet i et hus i Kjellerup, Hørup sogn, og Jens var blevet arbejdsmand. Elleve år senere, i 1901, havde han åbenbart fået fast arbejde som murerarbejdsmand og ejede på det tidspunkt sit eget hus, men da var Anders fløjet fra reden. Han var blevet konfirmeret 11-4-1897 i Levring Kirke og stak så, efter eget udsagn, af hjemmefra enten i 1897 eller 1898, efter at han havde tjent på Vinderslev Østergaard siden 1890. Ved konfirmationen fik konfirmanderne en vurdering af præsten og her skilte Anders sig ikke ud, idet han fik samme gennemsnitlige vurdering som de fleste andre, nemlig mg.

Ane Marie Jepsen, mor til Anders.
Fotograf: M. Hjord, Kjellerup

1899-1902. Det første bøvl

Anders fortalte, at der gik cirka 18-20 år før han kom tilbage til Danmark, hvilket vil sige omkring 1915-18. At Anders mente det alvorligt med at sejle, viser de mindst seks søfartsbøger han erhvervede sig i årerne 1901 (18/1), 1903 (29/8), 1905 (1/8), 1907 (8/7), 1913 (22/4) og 1923 (24/7).

Om han så også kom ud at sejle allerede i 1897, er en anden sag. På en mønstringsliste fra Hamburg fra 1897 finder man ganske vist en ungmand ved navn Anders Jensen i forbindelse med skibet "Elisabetha", men om det er denne histories Anders er uvist.

Hvad der derimod skulle være sikkert og vist, er at Anders befandt sig i Danmark i 1899. Under alle omstændigheder den 9. august, hvor Anders, ved Voer og Nim Herreder og Stensballegaard Birks Extraret, blev idømt 15 rottingslag for bedrageri. Rotting var et tykt spanskrør, som blev anvendt ved legemsstraffe og den straf måtte Anders altså "nyde"allerede som 16-årig.

Men han var ikke den eneste i familien, der blev straffet. Anders kaldte sin far for en djævel og det ser ud til, at Jens gjorde hvad han kunne for at leve op til den betegnelse. Ifølge Arrestjournalen for Kjellerup Arrest var Jens blevet arresteret for mishandling af sin hustru og sad i varetægt fra den 24. februar år 1900, kl. 20, til den 26. februar, kl. 16.30.

Ved sin anholdelse var den da 47-årige Jens i besiddelse af 1 pung med to udenlandske mønter, 1 ur, 1 kniv, 1 nøgle og 1 cigarspids. Hans sidste opholdsted var Kjellerup, og han blev beskrevet som værende stærk af bygning, med en højde over middel og med blå øjne og blondt hår.

Senere samme år, den 17. marts, kl. 9, blev Lysgaard og Herreds samt en del af Hovlbjerg Herreders Extraret sat på Herredskontoret for at afsige dom i, som det hed, Aktor mod Jens Braad Gjermandsen. Dommen lød som følgende:

Under nærværende sag, hvorunder Jens Braad Gjermandsen tiltales for overtrædelse af straffelovens paragraf 202 jvf. 203, er ved tiltaltes med det iøvrigt oplyste stemmende tilståelse oplyst, at han overfor sin hustru, med hvem han lever i samliv, har gjort sig skyldig i efternævnte forhold.

Da han en aften i november måned 1899 kom hjem, tilføjede han sin hustru, der lå til sengs og var syg, et slag med bagen af sin hånd, således at det efter hustruens forklaring gjorde ondt, men uden at der efterlodes mærker deraf.

Han kom den 11. februar år 1900 om aftenen hjem, efter at hustruen var gået til sengs. Da han kom ind i stuen, hvor hustruen, der ved hans ankomst var stået op, befandt sig, kun tildels påklædt, tilføjede han hende med sin pibe to med kraft førte slag på den ene side af hovedet, således at der derved fremkom to blødende sår på ørets bagside.

Endvidere kom han (Jens) hjem den nittende ud på aftenen. Han pålagde sin hustru ved denne lejlighed at fjerne sig ud af huset, hvad hun gjorde for at undgå overlast. Af hensyn til sine børn, der var i seng, forblev hun imidlertid gående udenfor huset i hårdt vejr, indtil tiltalte efter et par timers forløb fjernede sig fra huset for at søge efter hende hos naboen.

Efter at Jens den 24. om aftenen havde fjernet børnene fra dagligstuen, greb han hustruen i brystet og kastede hende bagover på gulvet, hvorved hun i faldet stødte baghovedet imod en træstol, således at der derved fremkaldtes en hævelse.

Ingen af voldshandlingerne har efterladt (fysiske) følger for hustruens helbred. Tiltalte, hvis adfærd mod hustruen denne ingen anledning har givet til, har hver gang handlet i beruselse, der dog efter det fremkomne ikke kan antages at have haft indflydelse af betydning på hans tilregnelighed.

For det fremstillede forhold vil tiltalte, der er født i Lee den 26. oktober 1852 og ikke tidligere straffet, være at anse efter almindelig borgerlig straffelovs paragraf 202 og 203 med en straf, der efter omstændighederne finder passende at kunne bestemmes til fængsel på vand og brød i 3x5 dage. Han (Jens) vil også have at udrede aktionens (sagens) omkostninger, derunder salær til Aktor, 12 kr., og til Defensor 10 kr. Sagførelsen har været lovlig. Thi kendes for ret.

Jens Braad Gjermandsen havde intet at anføre. Forståeligt nok, for det må have været temmelig groft, når en ægtemand blev dømt for hustruvold/mishandling længe før kvinderne fik stemmeret i 1915. Selv dengang var der åbenbart grænser for, hvor dårligt man kunne behandle sin familie, også uden for de større byer.

Få dage før ovennævnte domsafsigelse var èn af Anders` brødre, Martin Theodor, for øvrigt blevet løsladt, efter at have afsonet 8 dages fængsel på sædvanlig fangekost for brugstyveri. Han var blevet arresteret den 15. februar år 1900 og sad i arresten fra 6-3 til 14-3, men i sammenligning med sin fars forbrydelse, hørte Martins forseelse dog til de mindre af slagsen. Lige som sin far, arbejdede Martin indenfor murerfaget, men som udlært svend. Også hvad angår udseende lignede Martin sin far, bortset fra, at Martin kun var af middelhøjde.

Hvad angår Anders, så fik han i 1901 en såkaldt skudsmålsbog, hvoraf det fremgår, at han i foråret 1901 havde fæste to forskellige steder som tjenestekarl. Første gang var den 12. marts og aftalen gjaldt til november samme år. Anders skulle hjælpe med kreaturerne, malkning og ellers alt forefaldende arbejde for en betaling af 110 kr. Det har Anders måske syntes var for lidt, for allerede den 14. april lod han sig fæste til anden side for 120 kr! Det fik han dog ikke megen fornøjelse af, da han nogle uger efter, mellem den 5. og 7. maj, blev anholdt på begæring af Voer og Nim Herreder. Grunden hertil kendes ikke. Anders var da 18 år og i besiddelse af en pung med 2 kr.

Jens havde åbenbart en dårlig indflydelse på sine sønner, hvilket fremgår af listen over offentlige retssager, politisager og justitssager. Ifølge Anders kaldte de sig Braad-brødrene og de kunne godt lide at lave lidt "sjov"i gaden. De opgav også navnet Braad til politiet, som for eksempel den 13. februar 1902, hvor Jacob Braad og Theodor Braad var en tur i retten for at modtage bøder for politiuorden. Fem dage senere, den 18-2, var det Anders, der fik en bøde på 15 kroner for politiuorden!

Den 15. maj 1902 var både Jacob Jensen Braad, Anders Gjermand Braad og en Carl Jensen i retten på samme tid for politiuorden. På det tidspunkt blev Anders, arbejdsmæssigt, betegnet som arbejdskarl og som hjemmehørende i Kjellerup. Ved ovennævnte sag fik Anders valget mellem at betale 15 kr. i bøde til politikassen eller tre dage i simpelt fængsel. Han valgte det sidste i perioden 15/5 til 18/5. Der gik så tre måneder før myndighederne igen gav Anders et valg: 10 kroner i bøde til politikassen eller 2 dages simpelt fængsel. Lige som sidst valgte Anders at "sidde"bøden af i dagene 17.-19. august.

Anders` bror Jacob med sin kone Ane Kirstine,
der altså blev undertegnedes farmor og farfar.
Ukendt fotograf.

Den unge Anders var særdeles "aktiv". Allerede den 5. september 1902 blev Anders Gjermand Jensen, kaldet Braad, anholdt og forhørt vedrørende vold. Det foregik i Lysgaard og Herreders samt en del af Houlbjerg Herreders Extraret, hvor retten blev sat af den ordinære dommer og skriver med tilhørende retsvidner.

Det fremgår, at "tiltalte, der i dag (5/9) er blevet anholdt i anledning af en anden undersøgelse (ran), fremstår fri for bånd og tvang og er blevet gjort bekendt med det fremkomne hvortil han (Anders) intet havde at anføre".

Dommen blev afsagt således: "Under nærværende sag, hvorunder Anders Gjermand Jensen, kaldet Braad, tiltales for at have gjort sig skyldig i vold og legemsbeskadigelse, er det ved tiltaltes egen tilståelse, der stemmer med det i øvrigt fremkomne, oplyst, at tiltalte den 16. august 1902 kort efter middag gik ind på Mausing Mølle uden at have noget der at gøre og gav sig i tale med de der tilstedeværende folk. Da èn af disse, forkarl Johannes Braüner, tog ham i frakkekraven og nakken og sagde, at han skulle ud, tog tiltalte en tom sodavandsflaske, hvori han havde haft brændevin, op af lommen og tilføjede med denne flaske Braüner et slag i hovedet hvorved frembragtes to 1 og 2 centimeter lange flænger i venstre tinding. Efter afgiven lægeerklæring ville sårerne, fraregnet nogen forbigående hovedpine, næppe efterlade blivende følger for den beskadigedes helbred.

Johannes Braüner har ikke gjort krav på erstatning. For det nævnte forhold vil tiltalte, der er tidligere straffet, nu være at anse efter straffelovens § 203 med en straf, der findes at burde sættes til 2 gange 5 dages fængsel på vand og brød".

Fjorten dage senere, den 19. september, måtte Anders endnu en gang en tur i extraretten. Denne gang tiltalt for vold, ran og pengeafpresning, hvilket han havde tilstået.

Der var sket det, at Anders, engang i august 1902: "på offentlig vej ved Vinderslev Forsamlingshus væltede den af ham på cykel i møde kommende tjenestekarl Valdemar Sørensen af cyklen og tilføjede ham med hånden to slag i hovedet. Derpå pålagde arrestanten (Anders) ham at vende om og følge med arrestanten til Kjellerup, idet arrestanten sagde, at han ville melde Valdemar Sørensen til politiet for at have påkørt arrestanten.

Af frygt for yderligere vold vendte Valdemar Sørensen. Da de således fulgtes ad, og arrestanten fik øje på en pistol, der stak op af Sørensens lomme, tog han (Anders) den op af dennes lomme. Derefter sagde arrestanten til Sørensen, at når han gav ham pistolen og nogle penge, skulle han slippe for at blive bragt til Kjellerup. Valdemar Sørensen lod da arrestanten beholde pistolen og udleverede ham de penge, han havde, hvilket beløb sig til 60 øre".

Valdemar Sørensen fik pistolen tilbage og frafaldt ethvert krav om erstatning. Til gengæld måtte Anders på vand og brød i 4 gange 5 dage og udrede sagens omkostninger.

Anders havde været i varetægt fra 5. september 1902 til den 11.september. Han startede med at afsone de 2x5 dage for vold fra den 11/9 til den 16/9 og fra den 18/9 til den 23/9. Tre dage senere, den 26-9, fortsatte Anders med at afsone de 4x5 dage han fik for vold, ran og pengeafpresning. Han var på fri for igen den 21. oktober.

Det blev i øvrigt bemærket dengang i 1902, at den da 19-årige Anders, udover 4 søm i lommen, havde et særligt kendetegn: på højre hånd var hans initialer A. G. J.

I november 1902 var den gal igen. Tjenestekarl Anders, med sidst kendte opholdssted Allingskovgaard, blev anholdt i dagene 16.-17. november, mistænkt for pengeafpresning. Han var da i besiddelse af følgende: 1 pung med 1 øre, 1 cigarspids, 1 skråtobaksdåse og et glas.

Måneden forinden, den 29. oktober, havde hans bror Martin også været en tur i retten for overtrædelse af §8, lov af 1-3-1889, jf. ministeriel bekendtgørelse af 16-4-1898, §15.

1903-1905. "Forfremmelse"

I 1903 og muligvis også i 1904, var Anders på session, men blev forbigået. Selv fortalte han senere, i 1911, at han ikke havde været på session. Uanset hvad, er det tvivlsomt, om Anders og militæret kunne have fået noget positivt ud af hans eventuelle værnepligt.

Anders fortsatte i 1903 hvor han slap året før. Den 5. februar blev han anholdt i Ringkøbing for betleri, men fik, ifølge Ringkøbing Købstads politiretsdom, varetægtsfængsel i stedet for straf.

Blot en måned senere, den 5-3, var det Voer og Nim Herreders og Stensballegaards Birk politiret, der idømte Anders 8 dages simpelt fængsel, ligeledes for betleri.

På sin hjemegn var Anders allerede den 7. januar blevet anholdt for tyveri og den 14. maj drejede det sig om politiuorden. I begyndelsen af juni tilbragte arbejdskarl, som han dengang blev benævnt som, Anders atter et par dage i detentionen, og den 7-8-1903 blev der ved Lysgaards Extraret afsagt følgende dom:

"Under nærværende sag, hvorunder arrestanten Anders Gjermand Jensen, kaldet Braad, tiltales for tyveri, er det ved arrestantens egen tilståelse, der stemmer med det i øvrigt fremkomne, oplyst, at arrestanten søndag den 19. juli 1903 om eftermiddagen gik ind i Søren Peter Sørensens gård i Almtoft hvor han (Anders) havde tjent.

Der var folk til stede i gården, og Anders gik ikke derind for at arbejde. Medens han var der, forlod folkene imidlertid gården. Arrestanten gik da ind i stuehuset ved hjælp af et stykke jern, som han fandt i gården og stak ind i låsen. Fra en uaflåst servanteskuffe i et sovekammer tilvendte han sig derefter 4 kr., som henlå i en der forvaret pung, og som tilhørte husholdersken Elsine Petersen.

Arrestanten var ved tyveriets udøvelse beruset, dog ikke i en grad, der udelukkede fuld tilregnelighed. Den bestjålne har frafaldet erstatningskrav".

For dette tyveri fik Anders 2x5 dages fængsel på vand og brød.

I slutningen af samme måned, fra den 23/8 til den 28/8, valgte Anders simpelt fængsel fremfor at betale en bøde på 10 kr. Det fremgår ikke for hvilken lovovertrædelse, men det kunne være politiuorden. I sit 20. år blev han for øvrigt dengang beskrevet som værende almindelig af bygning med blå øjne, blondt hår og under middel høj. Hans stilling blev ikke noteret som sømand, men som arbejdskarl.

Senere på året blev Anders igen arresteret sammen med en pung indeholdene 20 øre og sigtet for overtrædelse af almindelig borgerlig straffelov §100, artikel 98 samt 101.

Atter engang blev Lysgaard og Hids samt en del af Houlbjerg Herreders Extraret sat på tingstedet den 20. november 1903, kl. 9.45 af undertegnede dommer, skriver og retsvidner. I sagen Aktor mod Anders Gjermand Jensen (Braad) blev der afsagt følgende dom:

"Under nuværende sag tiltales arrestanten for overtrædelse af straffelovens §100, jvf. 98 og 101. Ved det under sagen fremkomne, hvis rigtighed arrestanten har erkendt, er det oplyst, at han under offentlig dans på Gæstgivergården i Kjellerup den 8. november 1903 deltog i uorden i danselokalet, at han som følge deraf gentagne gange blev sat ud af lokalet, og at den tilstedeværende uniformerede politibetjent, da arrestanten atter indfandt sig i lokalet og foranledigede uorden, erklærede arrestanten anholdt og derefter førte ham ud for at følge ham videre til arresthuset.

Undervejs hertil forsøgte han (Anders) først at rykke sig fri fra politibetjenten, hvorefter han kastede sig ned på vejen og erklærede at han ikke ville gå længere. Politibetjenten tilkaldte derefter en mand, med hvis hjælp arrestanten blev ført til arresten, men hele vejen hertil søgte han, ved at stritte imod og ved gentagende at kaste sig ned på vejen, at hindre transporten, ligesom han under denne flere gange bed og sparkede den tilkaldte medhjælper.

Under anholdelsen og transporten fremsatte arrestanten derhos fornærmelig tiltale overfor politibetjenten, som han blandt andet beskyldte for at foretage anholdelsen for derved at tjene penge. Arrestanten var ved pågældende lejlighed noget beruset, men efter det oplyste ikke i en sådan grad som udelukkede tilregnelighed.

For det af arrestanten således overfor politibetjenten udviste forhold vil han, der er tidligere straffet, mene at anse efter straffelovens §100, jvf. §98, stk. 2 og §101 sammenholdt med §39. Men det findes efter omstændighederne, at den af arrestanten udståede varetægtsarrest passende kan træde i stedet for den af ham forskyldte straf".

Anders slap denne gang for fængsel, men skulle som sædvanlig betale sagens, det vil sige aktionens, omkostninger, som var på 12 kr. til aktor og 10 kr. til defensor som denne gang var prokurator Kjær. Sagfører Vilstrup havde i denne sag overtaget aktorrollen og dermed det største beløb.

Foreløbig er der, på dette tidspunkt, intet, der tyder på, at Anders rent faktisk har været ude at sejle som sømand i længere tid, men han har, i overført betydning, alligevel været ude på det dybe vand. Allerede som 20-årig var han blevet dømt for blandt andet bedrageri, vold, legemsbeskadigelse, brugsran, betleri, tyveri og pengeafpresning! Og det sluttede desværre ikke med det.

År 1904, den 23. januar, blev der ved politiretten i sagen det

Offentlige mod Anders Gjermand Jensen (Braad) afsagt følgende dom:

"Under nærværende sag tiltales arrestanten Anders Gjermand Jensen (Braad) for betleri og vold mod sagesløs person.

Ved tiltaltes med det i øvrigt stemmende tilståelse er godtgjort, at han har gjort sig skyldig i betleri dels den 11. i Bryrup under Thyrsting-Vrads Herreders jurisdiktion, dels den 18. på forskellige steder i Kragelund Sogn.

Sidstnævnte dags aften ankom han til Kragelund Kro, hvor han bestilte logi for natten. Ved lukketid opfordrede gæstgiveren ham til at gå til sit logi, men dette nægtede han, der imidlertid var blevet noget beruset, og da gæstgiveren derpå tog ham lempeligt i armen for at lede ham bort, satte han, der hele tiden opholdt sig i gæstgiverilokalet, sig til modværge og bed herunder gæstgiveren i den ene tommelfinger, hvorefter han blev sat udenfor. Da han (Anders) her opførte sig på støjende måde og blandt andet truede med at brænde kroen af, gik gæstgiveren og en anden tilstedeværende ud til ham, overmandede ham og bandt ham.

For anførte forhold vil den tidligere straffede arrestant være at anse efter lov om løsgængeri og betleri af 3. marts 1860 §3 og lov nr. 80 af 11-5-1897 med en straf, der findes at burde bestemmes til tvangsarbejde i 60 dage. Han bør derhos udrede alle af sagens omkostninger".

Ifølge arrestjournalen fra Kjellerup Arrest havde Anders intet opholdssted på det tidspunkt og havde blot 20 øre på lommen. De 60 dages tvangsarbejde skulle udføres på tvangsarbejdsanstalten ved Viborg. Her blev han, som det blev formuleret, indlagt som lem nr. 559 den 27-1-1904. Anders havde stadig sit blonde hår og blå øjne, men blev her betegnet som klejn af bygning. Han var tatoveret og havde et ar på højre hånd. Han skulle have tilbragt sin tid her indtil den 27-3-1904, men slap med 8 dage.

Det gjorde han så ikke nogle måneder senere, nærmere betegnet den 19. august, kl. 9.45 hvor Lysgaard og Hids samt en del af Houlbjerg Herreders Extraret endnu en gang blev sat på tingstedet med behørig deltagelse af dommer, skriver og vidner.

Denne gang lød dommen således: "Under nærværende sag, hvorunder arrestanten Anders Gjermand Jensen (Braad) tiltales for brandstiftelse, er det ved hans egen tilståelse, der stemmer med det iøvrigt fremkomne, oplyst, at han den 20. juli 1904 om aftenen henad kl. 10 i en tilstand af beruselse, der ikke gjorde ham helt utilregnelig, uden påviselig bevæggrund, med tændstikker, som han førte med sig i lommen, satte ild dels på teglovnsbygningen, dels på en tørrelade på et H. P. Munk tilhørende teglværk på Kjellerup Mark.

Tørreladen nedbrændte, medens branden i teglovnsbygningen blev slukket uden at have anrettet betydelig skade. I teglovnsbygningen er der natteleje for en mand, men dette benyttedes ikke den pågældende aften, og i øvrigt tjente de to antændte bygninger ikke til beboelse for mennesker.

For dette forhold vil arrestanten være at anse efter straffelovens §281 jvf. §39 med en straf, der findes at burde sættes til forbedringshusarbejde i 1 år".

Nu begyndte Anders, der havde været i varetægt i Kjellerup Arrest fra den 20. juli 1904 til den 1. september, at kravle "op"ad de kriminelles "rangstige". Hans afsoning skulle nemlig foregå i en vis Egon Olsens stamfængsel ved navn Vridsløselille Straffeanstalt.

Vridsløselille Statsfængsel. Egon Olsens Vej.

Fotograf: H. E. Gjermandsen.

Nu blev myndighedernes tommelskruer strammet, og det vakte da også lokalt en vis opmærksomhed, hvilket efterfølgende notits i Kjellerup Avis viser:

"Anders German Jensen Braad, som for en tid siden stak ild på teglværksejer H. P. Munks tørrelade i Kjellerup og tillige ville sætte ild på gården, hvori han dog blev forhindret, er ved Lysgaard Herreds Extraret idømt 12 måneders forbedringsarbejde samt at betale 405 kr. i branderstatning. Han har været straffet 8 gange tidligere og har været alkoholisk siden sit 18. år".

Det gjorde det jo nok ikke bedre at "dengang var brændevin hvermands eje, thi den var billig", ifølge Sigfred Pedersens ord fra 1955.

Nej, det var ikke et "CV", eller en dataliste, der var værd at prale af for Anders, men han var ikke den eneste i familien, der i 1904 var i konflikt med loven. Den 28. juli kørte der en sag mod hans bror Jacob for vold og den 7. november var en anden bror, Martin, sigtet for overtrædelse af brandpolitiloven.

Som tidligere nævnt blev Anders i januar 1904 idømt tvangsarbejde ved Viborg Amts Arbejdsanstalt og det var første, men ikke sidste, gang at han stiftede bekendtskab med sådan et sted. Tvangsarbejde som strafmulighed bortfaldt i øvrigt ved en lov af 15. april 1930 og arbejdsanstalterne rundt omkring blev lavet om til forsorgsanstalter.

I Viborg eksisterede anstalten fra 1882 til 1982 og den første "kunde"var en kvinde, der i juli 1882 blev "indlagt"på grund af drukkenskab som der står i anmeldelsesprotokollen. Beboerne blev kaldt lemmer, hvilket kommer af ordet fattiglem.

Arbejdsanstalterne blev oprettet med baggrund i et dengang stigende antal vagabonderende håndværkersvende og andre løsgængere med dertil hørende tiggeri og andre ulovligheder til følge. Senere, 1897, blev der også adgang for voldsforbrydere.

Formålet med anstalterne var ved tvangsarbejde at få de indlagte lemmer bragt tilbage til et såkaldt lovlydigt, anstændigt og arbejdsomt liv. Det skulle foregå ved at genoptræne beboernes arbejdsevne, således at de, efter opholdets afslutning, var blevet bedre til at klare sig på mere almindelig vis ude i samfundet. Da Anders kom på anstalten i Viborg i 1904, var der cirka 38 andre lemmer.

Men èn ting er en arbejdsanstalt, noget helt andet er et fængsel. Den 2. september 1904 blev Anders overført fra Kjellerup Arrest til straffeanstalten i Vridsløselille for at afsone den dom på 1 års forbedringshusarbejde for brandstiftelse som han havde fået den 19. august. Det bør dog nævnes, at det først var fra 1933 at de indsatte blev kaldt fængselsfanger, så Anders var i 1904 altså "kun" forbedringshusfange i det, i 1859, opførte fængsel.

Hos fængselsvæsenet var man ikke i tvivl om hans fulde navn: Anders Gjermand Jensen med kaldenavnet Braad i parentes. Som indsat blev Anders udstyret med fangenummeret 269 og der blev lavet en tegning af ham i profil. Han blev desuden beskrevet som værende 61½ "høj med spinkle lemmer og blå øjne. Desuden havde han følgende særlige kendemærker: ar på højre ankel, ar på højre håndled og tatoveringer på begge arme. Også hans tidligere "karriere" siden 1899 var der styr på.

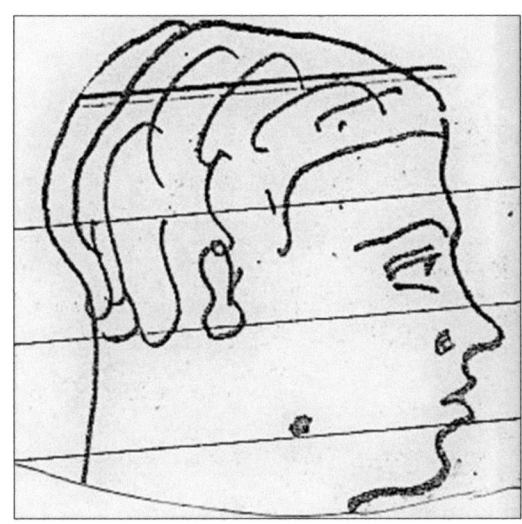

Tegning af Anders fra Vridsløselille Statsfængsel den 2. september 1904.

Anders skulle besvare nogle spørgsmål ved ankomsten til den sjællandske anstalt, blandt andet om han kunne læse, hvilket han svarede ja til. På spørgsmålet om han kunne skrive, svarede han: lidt. Dengang blev man også spurgt, om man var såkaldt ægte (født indenfor ægteskab) eller uægte (født udenfor ægteskab). Anders kunne bekræfte, at han var "ægte", ugift og ingen børn havde.

Hans far var arbejdsmand og drikfældig. Han havde seks brødre og to søstre. Anders oplyste, at han havde været hjemme til sit 8. år (1891) og derpå tjent i et halvt år. Da skolen blev forsømt, havde han kun mådelige kundskaber. I de senere år havde han drevet omkring med slibere, karuseller og lignende. Drak meget og i omtåget tilstand, uden grund, sat ild på en lade og teglovn.

Jo nærmere man kommer et fængsel, jo mindre idyl. Her Vridsløselille.
Fotograf: H. E. Gjermandsen.

Anders var da stadig en ung mand på 21 år og hans helbredstilstand blev betegnet som god. Sygdomme havde han ikke haft nogen af, og hans vægt var 116 pund ved indsættelsen i celle nummer 108 og den forandrede sig ikke særlig meget under opholdet i straffeanstalten. Han havde tilladelse til at skrive breve og samtale med slægtninge, hvilket han benyttede sig af både den 5. februar 1905 og den 9. april samme år, hvor han skrev to breve.

Anders blev løsladt på prøve den 2. maj 1905, men dagen før var han ellers blevet smidt ud af kirken på grund af samtale og uorden, og blev desuden som indsat straffet med at rykke fra 2. klasse til 1. klasse. Det var ellers ikke fordi Anders generelt var til større besvær for personalet i Vridsløselille. Mens han befandt sig i anden klasse, blev han den 2. december 1904 betegnet som "uvidende og forstyrret, men ret elskværdig". Første marts 1905 blev han omtalt som værende fuld af gode kræfter og flink ved arbejdet.

Lige før løsladelsen blev Anders igen tilset af lægen, som kunne konstatere, at hans helbredstilstand fortsat var god. Lægen havde i øvrigt følgende kommentarer om Anders: "Har fået en meget dårlig opdragelse i hjemmet og er livlig vænnet til drik og har altid været meget ustadig og vagabonderet. Han synes nu at føle anger og er en del bevæget. Har stor lyst til murerhåndværket".

De indsatte blev testet i læsning, skrivning og regning, både ved indsættelsen og ved løsladelsen. Hvad angår Anders, var han bestemt ikke ustadig i de fag. Hans niveau i de tre fag var det samme både i 1904 og i 1905, hvilket vil sige TG (dårligt) i både læsning og skrivning og mdl (knap så dårligt) i regning.

1905-1906. På sejltur

Efter sin løsladelse i begyndelsen af maj, kunne det se ud til, at Anders muligvis kom ud at sejle, dog ikke med et sejlskib, men med et af de "osende uhyrer"som Anders kaldte dampskibene. Først skulle hans nyvundne frihed dog åbenbart fejres, så han drak sine penge op i Glostrup og blev anholdt af politiet for beruselse, men frigivet om aftenen.

Næste dag fik Anders, af en kaptajn på en damper, lov at følge med til Rusland og kom til byen Windau, som er det tyske navn for Ventspils i Letland. Her levede Anders i tre dage af tiggeri, men blev så anholdt af det lokale politi, som mistænkte ham for at være spion! Han var arresteret i 2 måneder indtil hans legitimationspapirer blev fremsendt af de danske myndigheder.

Kom så øjensynlig som gratis passager med en damper til Skt. Petersborg, hvor han fik hyre som matros på endnu en damper til Odessa og tilbage igen. Anders havde så åbenbart fået at vide, at hans mor hjemme i Kjellerup var syg og vendte derfor tilbage til Danmark. Han nåede dog ikke længere end til Silkeborg, hvor han, og en anden, den 30. juni 1905 havde begået røveri og betleri.

Det var altså ikke længe at Anders kunne holde sin sti ren. Årsagen findes i en udskrift af Silkeborg By og Birks Extrarets domprotokol, hvor der den 16. september 1905 blev afsagt dom i sagen mod de to kumpaner. Den lød som følgende:

"I forhold til Aarhus Stiftsamts aktionsextra af 8. ds., tiltales nærværende arrestanter Axel Emil Pedersen og Anders Gjermand Jensen for røveri og betleri og sidstnævnte for meddelagtighed i røveri samt betleri ifølge tiltaltes egen tilståelse.

30. juni traf arrestanterne hinanden og enedes i løbet af efter-middagen og aftenen om at gå en tur i byen for at betle, og på denne tur betlede de i forening i/ved Cafè "Danmark"og "Land-mandshotellet"uden at få noget. Senere, kl. 23, gik arrestanterne på fortovet ud for kirken og traf lærlingen Niels Olsen som arre-stant Pedersen tiltalte med en anmærkning om at "hjælpe dem med lidt til dagen og vejen". Efter lærlingens svar, at han ingen penge havde, svarede arrestant Pedersen, at det "var løgn"og greb fat i lærlingen og gennemsøgte først lommerne i lærlingens benklæder, derefter jakkelommen. Til sidst fandt arrestant Pe-dersen et dameur af sølv som han tog. Lærlingen bad om at få det tilbage og arrestant Pedersen gjorde mine til at levere uret tilbage, men arrestant Jensen snuppede uret ud af arrestant Pe-dersens udstrakte hånd og begge arrestanter forsvandt tilbage til det hjem, hvor de var mødtes.

På gangen indenfor besigtigede de i forening uret, hvorefter arre-stant Pedersen opfordrede medarrestant Jensen til at gå ud på gaden og forsøge på at få det solgt. Jensen efterkom denne opfordring og gik på gaden for at faldbyde uret til en forbipasserende, men kort ef-ter anholdtes han og fandtes i besiddelse af uret, hvilket er vurderet til 5-6 kr., og udleveret til ejerinden, den førnævnte lærlings moder, som frafaldt erstatningskrav.

Det er af arrestant Pedersen indrømmet og i øvrigt godtgjort, at lærlingen gjorde modstand mod at arrestanten med magt gennem-førte sin ransagning af lærlingens lommer.

Arrestant Axel Emil Pedersen er født i Kjellerup Sogn den 24. januar 1883 og ikke tidligere straffet, hvorimod Anders Gjermand Jensen, der er født i Skjern Sogn 7-4-83, er straffet (der opremses 10 tilfælde fra 1899 til 1904)".

De blev begge idømt forbedringshusarbejde, Axel i 1 år og Anders i 1½ år.

Atter engang måtte Anders en tur til Vridsløselille og blev afleveret til straffeanstalten fra Silkeborg den 22. september 1905. På grund af pladsmangel blev han overflyttet til Horsens Statsfængsel den 13. november 1905.

Som vanligt skulle der udfyldes papirer ved ankomsten til Vridsløselille og det var her, at Anders fortalte om turen til Rusland og Letland. På trods af, at spørgeren beskrev Anders' legemsbygning som kraftig og hans helbredstilstand god, så blev Anders også betegnet som sølle og ynkelig.

Rent fysisk virkede han ellers, for ham, ret normal med sine 58,5 kg (117 pund) og cirka 161 cm (61½") i højden. Anders opgav sin næringsvej som arbejdskarl (altså ikke sømand) og som stadig værende ugift og uden børn. Til spørgsmålene om han kunne læse og skrive, svarede han faktisk ja til begge to. Som fange nummer 250 fik han celle nummer 212 og tilbragte tiden med blandt andet måttefletning. Et par dage før sin overflytning til det jyske, fik Anders hvad de kaldte særlig behandling i form af, at blev anbefalet til at arbejde i frisk luft.

Da Anders fik nyt "værelse"i Horsens, fik han et spørgeskema som han selv udfyldte og underskrev den 14. november 1905. Dengang var han i hvert tilfælde ikke i tvivl om sit fulde navn: Anders Gjermand Jensen. Anders havde dengang en både tydelig, nydelig og lige skrift, som mere end antyder, at han må have været ret ædru da han udfyldte det pågældende skema.

Hvilke ere Fangens Planer for Fremtiden? *til Søs for at komme langt væk saa kan jeg blive fri for det har saa kan jeg maske komme til at gjøre mine Forældre meget glade*

Den *14 November* 1905

Ander Gjerman Jensen
Underskrift.

Den *15/4* 19 20.

Underskrift.

A G Jensen

Eksempler på Anders` håndskrift. Dels fra 1905, dels fra 1920.
Horsens Statsfængsel.
Glansen er gået noget af den nyeste skrift.

Mange spørgsmål gik igen fra tidligere, men dette skema oplyser også om, at hans forældre stadig levede og at hans far var arbejdsmand. På spørgsmålet om, hvordan forholdet var mellem hans forældre, svarede Anders: "Godt, når fader ikke var fuld".

Det fremgår, at det åbenbart var næsten alle slægtninge på hans faders side, som var lidt for tørstige. Anders skulle også svare på om der var nogen, der var sindssyge i familien, hvilket han svarede nej til.

63

På spørgsmålet om, hvad han havde ernæret sig ved fra konfirmationen og til 22-års alderen, svarede Anders: "Først med et cirkus og så en karrusel og så en skærsliber og så til søs og der i mellem arrest". Hvordan Anders overhovedet kom ind på forbrydervejen, fortalte han også: "Jeg lejede en cykel og solgte den som èn fik mig til da han havde drukket mig fuld".

Hvad angik helbredet, oplyste Anders, at han det sidste halve år havde lidt af krampe. Han blev også spurgt, om han var drikfældig, udsvævende, forlystelsessyg, hengiven til spil eller lediggang. Til dette svarede Anders, at han "kun" var drikfældig, hvilket alt tyder på var helt i overensstemmelse med sandheden. Hvad angår fremtiden havde Anders åbenbart drømme om at komme ud af dyndet, hvilket tidligere viste skriftsprøve viser.

1906. Hans fars selvmord

Som pensionist fortalte Anders, at hans far havde hængt sig, hvilket desværre var sandt. Den 2. november 1906, blev Lysgaard og Hids samt en del af Hovlbjerg Herreders Politiret sat på Aunsbjerg af den konstituerede dommer og skriver samt retsvidner. Her blev der den dag afholdt forhør til oplysning om Jens Braad Gjermandsens død.

Som en lille, og mere sjov, fodnote, kan nævnes, at den oprindelige herredsfuldmægtig, Christopher Krabbe, måtte søge om tilladelse til at en anden person kunne træde i stedet for ham, fordi Krabbe selv var medlem af Rigsdagen, der åbnede den 1. oktober.

Til selve sagen bemærkede dommeren, at der den 31. oktober anmeldtes på Herredskontoret at førnævnte Gjermandsen, der var husejer og arbejdsmand i Kjellerup, havde forladt sit hjem den 29. oktober om morgenen for at gå på arbejde, men at han ikke derefter var set. Samme dag som forhøret, modtog man anmeldelse om, at han af et par arbejdere på Aunsbjerg var fundet hængende i et gammelt birketræ i "Bakkeskoven", cirka 30 alen fra denne skovs vestlige hegn (udkant).

Dommeren og læge Schjerup havde derefter begivet sig til stedet og fundet Jens, der lå på jorden under et træ. Han lå udstrakt på ryggen iført arbejdsdragt og om hans hals var der lagt en løkke lavet af et stykke tjæret reb, som var lagt om èn af træets tykke grene, cirka 4 alen over jorden. Rundt om hans hals fandtes en meget bred og meget udtalt hængningsfure, der ikke løb fuldstændig sammen i nakken.

Læge Schjerup fandt i øvrigt ingen tegn på ydre vold på afdøde, og anbefalede derfor ikke yderligere undersøgelser som for eksempel obduktion. Som dødsårsag mente lægen, at det var økonomiske bekymringer fremkaldt ved en høj grad af alkoholisme. Med dette mente lægen, at Jens var periodisk dranker. Tidspunktet for dødens indtræden antog man var den 29. oktober da Jens sidst var blevet set.

Han blev så åbenbart først fundet den 2. november af husejer Peter Bentsen i Sjørslev, som, ifølge retten, forklarede: at han i dag klokken 11 kom igennem skoven på vej fra Kjellerup. Der var ikke vej, hvor han gik, og komparenten (Bentsen), der er kendt i skoven, gik igennem denne for at skyde genvej. Da han var kommet cirka 30 alen indenfor skovdiget, så han en mand hængende i et træ. Han havde en rebløkke om halsen og nåede ikke jorden med sine fødder.

Komparenten havde ikke en kniv hos sig og tilkaldte derfor Marius Hansen fra Demstrup, der arbejdede i roerne udenfor skoven og som straks kom til og skar personen ned. Personen (Jens) må have stået på en kløft, som er i træet cirka 1 alen over jorden, og har derfra bundet rebet omkring grenen og stukket hovedet igennem løkken, hvorefter han må være sprunget ud fra kløften med løkken om halsen. Personen var ganske stiv og oplivningsforsøg foretoges derfor ikke.

Marius Hansens forklaring stemte overens med Peter Bentsens og de to afhørte vidner modtog hver 1 krone for ulejligheden, hvorefter forklaringerne blev oplæst og retten hævet.

Dagen efter, den 3. november, mødte afdødes enke, Ane Marie Jepsen, op og forklarede:

at hun har været gift og samlevet med afdøde i 28 år og at de i deres ægteskab havde 9 børn, hvoraf de 3 yngste er hjemme og ukonfirmerede.

Han (Jens) var i tidligere tid en del forfalden til drik, men i de senere år var det kun periodisk og sjældent at han berusede sig. Når han var beruset, var han vanskelig og noget ondsindet, ellers var han en kærlig og god mand. Der var den bedste forståelse imellem ham og hende, og han har aldrig, hverken i ædru eller beruset tilstand, ladet sig forstå med, at han var ked af livet, han var tværtimod altid glad.

Han var en kraftig og dygtig arbejder, som altid kunne få arbejde, og som tjente godt herved og deres økonomiske forhold var ganske gode. Han havde i sommer stadig arbejde hos murermester og cementvarefabrikant Linde i Kjellerup, men for en 3 ugers tid siden ragede han uklar med nogle andre af Lindes folk, og det endte med, at hans arbejde hos Linde hørte op.

Han fik vel fat på andet tilfældigt arbejde, men han lod flere gange sig forstå med, at han var ked af og ærgrede sig over at det faste arbejde hos Linde var ophørt, og hun (Ane Marie) kan ikke tænke sig andet, end at dette har været grunden til at han har ombragt sig.

Søndag den 28. oktober var han beruset om eftermiddagen og aftenen, men var ikke den dag vanskelig som han plejede at være, når han var beruset, han var tværtimod ret livlig og glad. Hen på morgenstunden vågnede han, og ytrede, at han skulle ikke så tidlig på arbejde som han plejede, idet arbejdet – håndlangerarbejde – skulle begynde noget senere end sædvanligt. Han rejste sig om morgenen, iførte sig sit arbejdstøj, fik sin morgenmad og forlod hjemmet, for at gå på arbejde, uden at der var det mindste påfaldende i hans adfærd. Hun så ham derefter ikke mere. Han blev 54 år gammel.

Ane Maries udsagn blev oplæst og vedtaget.

Jens Braad Gjermandsens begravelse blev forrettet af sognepræst Bruun den 7. november 1906 i Hørup Sogn, Lysgaard Herred. Ifølge myndighederne var det selvmord, selv om Jens, som hans kone fortalte, var raget uklar med nogle folk på sin arbejdsplads. Det fremgår ikke, om dette blev undersøgt nærmere, men uanset hvad, så havde Anders ganske ret i, at hans mor, Ane Marie Jepsen, overlevede sin mand med mange år. Hun døde først den 9. marts 1936 på Amtssyge-huset i Kjellerup, 81 år gammel, og blev begravet 16. marts på Hørup Sogns kirkegård af sognepræst Madsen fra Levring.

1907-10. Endnu en tur på bølgen blå

Hvad angår Anders, så blev han løsladt fra Horsens den 25. marts 1907 efter et ophold, som åbenbart ikke var forløbet helt gnidningsfrit da det fremgår, at han var blevet straffet diciplinært, blandt andet på grund af respektstridige forhold, som kostede Anders 24 timer i en mørk celle uden køje. Da han nægtede at arbejde, fik han 2x24 timer samme sted. Et overgreb mod en medfange gav også 24 timer i en mørk celle, dog med køje. Derudover kostede løgnagtighed og anden upassende adfærd nedrykning fra for eksempel 4. til 2. klasse eller helt ned i 1. klasse.

Mere positivt var det, at Anders var ret aktiv som brevskriver under opholdet. Både forældre, en bedstemor, en broder og arrestforvaren i Silkeborg skrev han til. I 1907 kunne Anders så passende have fortalt dem, at han var blandt dem, der var blevet udvalgt til at arbejde på hederne ved Gedhus og Flyndersø. Det havde fra 1899 været muligt at benytte fanger til at opdyrke hederne ud fra tanken om, som fængselsinspektør Backe formulerede det: "ufrugtbar jord og forsømte mennesker er to negative faktorer, men deres produkt må kunne blive positivt".

En ganske konstruktiv tanke, men den bed vist ikke på Anders for allerede den 19. maj blev Anders igen indlagt på Viborg Amts Arbejdsanstalt på forsørgelse af Vester Velling og Skjern Kommune. Her blev han sat til brændehugning, men flygtede den 6. juni med 61 øre på lommen. Han kom dog hurtigt tilbage og kunne forlade, eller udgå som man kaldte det, arbejdsanstalten den 5. juli med hele 3 kr. og 33 øre. Tre dage senere fik han fornyet sin søfartsbog.

Hvor meget Anders egentlig fik brugt sine søfartsbøger kan diskuteres. Under alle omstændigheder befandt han sig den 21. september 1908 endnu engang i en retssal. Denne gang i Hatting Herreds Extraret efter ordre fra Vejle Amt. Her blev han sigtet og dømt for tyveri. Det blev hans 12. dom siden 1899!

Som vanligt forsøgte Anders ikke at krybe udenom, men tilstod følgende:

"Efter at arrestanten havde udstået sin sidste straf (25-3-1907) og derefter faret til søs, kom han sidst i forrige måned til Bremerhafen og tog derfra over Vamdrup videre nordpå, og da han 1. september, gående ad landevejen sydfra efter Horsens, på vejen traf en løsgående kalv, der dog havde et stykke tøjer på, bemægtigede han sig straks kalven i tyvagtig hensigt, trak den med sig for at sælge den og falbød den samme eftermiddag, efter at han var kommet ind i gårdejer Laurs Nielsens gård i Ølsted til såvel den der tjenende karl Martin Andersen som til manden selv, men forgæves, og da han noget senere forlod gården, lod han den skøtte sig selv.

Kalven viste sig at tilhøre boelsmand Laurs Olsen af Rimmerslund, på hvis ved vejen liggende mark den havde været tøjret, men efter hvis forklaring den kan have revet sig løs og være kommet ud på vejen. Her blev den, efter arrestantens stadig fastholdte forsikring, taget af ham, der dog var på det rene med, at den var andenmands ejendom, og at han begik tyveri ved at tilegne sig den. Kalvens ejermand har, med arrestantens samtykke, anslået dens værdi til 50 kr., men da han har fået den tilbage, frafaldet erstatningskrav mod arrestanten.

Denne havde, da han var inde i gården i Ølsted og der talte med karlen M. Andersen, endvidere i tyvagtig hensigt hemmeligt tilegnet sig et sidstnævnte tilhørende sølvcylinderur, der under karlens arbejde hang på en port i laden frit fremme. Samme eftermiddag solgte arrestanten (Anders), efter at have været nået til Horsens, uret til urmager P. S. Andersen for 5 kr. Uret er dog bragt tilstede under sagen og tilbageleveret den bestjålne efter at være vurderet til 25 kr., og medens sidstnævnte derefter har frafaldet erstatningskrav, har bemeldte urmager Andersen efter at have modtaget 1 kr. og 50 øre, som var i behold hos arrestanten, ligeledes , frafaldet erstatningskrav mod denne.

Endnu samme aften, da han skønnede sig forfulgt af Horsens Politi i anledning af det begåede urtyveri, hvorom Herredskontoret straks var blevet telefonisk underrettet, tilegnede arrestanten sig endvidere i tyvagtig hensigt en i eller ved en port i Horsens henstillet cykel, som tilhørte købmand P. Jensen dersteds, men som ejeren fik tilbageleveret, efter at tyven senere på aftenen var blevet anholdt, og som under sagen med arrestantens samtykke er vurderet til 130 kr. Heller ikke med hensyn til dette tyveri eller for afsavnet af cyklen er der gjort påstand om erstatning.

Thi kendes for ret:

Arrestanten Anders Gjermand Jensen bør straffes med forbedringshusarbejde i 2 år og udrede aktionens omkostninger, derunder salær til aktor, prokurator Bjerregaard 15 kr. og til defensor, overretssagfører Plenge 12 kr. At efterkommes under adfærd efter loven. H. Bie".

Atter engang åbnede Vridsløselille Statsfængsel velvilligt sine døre for Anders så han kunne afsone 2 års forbedringshusarbejde for tyveri. Han ankom til fængslet den 29. september 1908, efter at have opholdt sig i Horsens Arrest i en måned. Han kunne se frem til løsladelse den 1. oktober 1910, men allerede den 20. november 1908 blev han overflyttet til fængslet i Horsens på grund af pladsmangel! Som sædvanlig skulle Anders alias domsnummer 17305, fangenummer 142, fortælle om, hvad han havde bedrevet siden sidst og hans oplysninger stemte ikke helt med hvad myndighederne vidste. Anders fortalte åbenbart, at:

"efter løsladelsen fik han, gennem inspektøren i Horsens, 15 kr. til at komme til Hamborg for; herfra fik han hyre og sejlede til slutningen af august på Amerika og Kina, senest som matros. Ville hjem for at se til familien i Kjellerup, drikker sig fuld og stjæler en løsgående kalv, som han forgæves forsøgte at sælge. Under handelen stjæler han et ur og, da han tror sig forfulgt af politiet, stjæler han en frit tilgængelig cykel".

Fængselsinspektøren vurderede Anders til at være "uden modstandskraft, men ikke uden en vis erkendelse".

Ifølge en meddelelse af 25. november 1908 fra inspektøren i Horsens er ovenstående delvis urigtig. Anders kom ikke til Hamborg, idet han drak sig fuld i Fredericia, fik sin Hamborgbillet godtgjort med 9 kr. og vendte tilbage til Horsens, hvor han blev indlagt på forsørgelsesanstalten. Herfra rømte han og kom derefter 1 måned på en tilsvarende anstalt i Viborg.

Denne anstalt hjalp ham til Esbjerg, hvorfra han blev forhyret til England. Han rømte i Parkstone ved Bournemouth, tog til London, hvorfra han på ny fik hyre på langfart. Dette skulle så være foregået i perioden fra juli 1907 til august 1908.

Uanset hvilken forklaring, der er den rigtige, så ser det ud til, at Anders igen havde været ude at sejle og han opgav da også matros som sin levevej, om end man vist godt kan kalde det for en noget ustabil en af slagsen for hans vedkommende.

Anders vedgik stadig, at han var drikfældig, men alligevel blev hans helbredstilstand betegnet som god med en velnæret og kraftig legemsbygning (120 pund, 61½"). Bortset fra problemer med knæene i 1905, havde han ikke fejlet noget og et fast opholdssted havde han heller ikke fået.

Anders var, når han ikke sad bag tremmer, på alle måder en så-kaldt fri fugl, uden kone og børn, uden særlige ejendele. Han levede til fulde op til Kris Kristoffersons sang om at frihed jo blot er et andet ord for ikke at have noget tilbage at miste.

Men på dette tidspunkt havde Anders både fået fast opholdssted i celle nummer 213 og fast arbejde som måttefletter! Til gengæld blev hans almene skolekundskaber ikke bedre under opholdet. De indsatte fik karakterer både ved indsættelsen og ved løsladelse, og Anders var meget stabil i læsning, skrivning og regning hvor han konstant fik g, tgx og tg. Altså i den laveste ende af den daværende skala.

Til gengæld havde Anders stadig ganske fornuftige planer for fremtiden ifølge et skema som han udfyldte den 20. november 1908. Heraf fremgår det, at han havde tænkt sig: "at opføre mig som et pænt menneske så længe jeg skal være her, og siden, når jeg har udstået min straf, at rejse til søs". Underskrevet A. G. Jensen.

Det fremgår desuden af samme skema, at Anders var bekendt med, at hans far døde i 1906. Uden humor har Anders vist aldrig været. På førnævnte skemas spørgsmål om fangen var drikfældig, udsvæ-vende, forlystelsessyg, hengiven til spil eller lediggang, svarede An-ders blot: "alt det er jeg"!

I august 1908 havde Anders fået udslet på kroppen og året efter bylder. I 1910 ramte influenzaen også Anders i et par uger, men intet af det forhindrede ham i stadig at være i flittig, skriftlig kontakt med, hovedsageligt, sin familie og ikke mindst sin mor.

1910-1913. I "fint"selskab

Anders blev sluppet løs 1. oktober, men allerede året efter røg han ind igen, på trods af, at han denne gang anstrengte sig gevaldigt for at bedyre sin uskyld i den pågældende sag.

Det var den anden april 1911, at der ved Rinds Gislum Herreders Extraret blev afsagt dom over Anders Gjermand Jensen for tyveri eller hæleri af et sæt tøj. Det lyder ikke umiddelbart som den helt store forbrydelse, men på grund af hans noget blakkede fortid, blev han alligevel idømt tugthusarbejde i 2 år samt betaling af sagens omkostninger.

Der var sket det, at Anders, fredag den 16. december 1910, ankom til landsbyen Gjedsted sydfra, medbringende sin slibevogn. Han overnattede på kroen og befandt sig i Gjedsted i dagene derefter.

Den 18. december kl. cirka 1 om eftermiddagen, opdagede èn af de lokale, Jacob Jessen, at der var forsvundet et sort jakkesæt (jakke, vest og benklæder) fra et uaflåst klædeskab, som stod i hans, ligeledes uaflåste, lejlighed.

Da Jessen mente, at der var tale om tyveri, gik han til politiet, hvilket skabte et vist røre i det lille samfund. Blandt andet kunne arbejdsmand Ole Olsen oplyse, at han, lørdag den 17. december ved 8-tiden om aftenen, havde købt et sæt sort tøj af en mandsperson, som fortalte, at han var sliber og havde kone og seks børn. Han var nu i pengeforlegenhed og så sig nødt til at sælge sine brudeklæder. Han forlangte 5 kr. for tøjet og Olsen betalte denne sum uden at fatte mistanke om, at beklædningsgenstandene kunne være stjålet. Tøjet viste sig at tilhøre Jacob Jessen og Anders erkendte, at han havde solgt tøjet til Olsen, men indrømmede på intet tidspunkt at han selv havde stjålet det.

Anders holdt fast i, at han havde købt tøjet af en ham ubekendt rejsende som han tilfældigvis traf i Gjedsted førnævnte lørdag om eftermiddagen. Anders fik tilbudt sættet for 5 kr., men endte med at betale 4 kr. På det tidspunkt var Anders i besiddelse af godt 5 kr. som han havde tjent ved slibning. Under opholdet i Gjedsted havde Anders for øvrigt solgt sin slibevogn til en anden sliber ved navn Gustav Madsen for nogle kort.

Anders regnede med, at han kunne tjene noget ved at sælge tøjet igen, selv om han, efter købet, blev klar over, at det var stjålet. Som sagt så gjort. Anders solgte hurtigt tøjet videre til førnævnte Gustav Madsen for 2 kr., men da han fortrød, at han havde solgt det så billigt, fik han Madsen til at levere ham det tilbage, idet Anders forklarede, at han havde stjålet det og ville blive arresteret, dersom han ikke straks leverede det tilbage. Kort efter solgte Anders så tøjet videre til Ole Olsen for 5 kr.

Som nævnt påstod Anders, at han havde købt sættet af en person, han ikke kendte. Anders beskrev vedkommende som èn, der lignede ham selv, bortset fra, at han var lidt højere og havde et større overskæg. Det lykkedes ikke for myndighederne at opspore den person som Anders beskrev, men heldigvis fik de "hjælp"af Anders, som henledte mistanken for tyveriet på Lars Jørgen Nielsen som han delte celle med i den lokale arrest.

Sidstnævnte havde dog en noget andet forklaring. Ifølge Nielsen var det Anders, som bad ham om at påtage sig skylden for tøjtyveriet i Gjedsted. Det havde Nielsen for så vidt intet imod fordi han selv havde et godt alibi. Det viste sig nemlig, at Nielsen i den relevante periode befandt sig i Slesvig!

Det gavnede ikke Anders` sag, og flere vidner mente, eller troede, at de havde set Anders gå ind i huset hvorfra tøjet blev stjålet. Anders indrømmede, at han kunne have været i huset. Han havde en overfrakke som han forsøgte at sælge, og gik fra dør til dør. Overfrakken havde han, beviseligt, byttet sig til af en sygehuskarl på Brædstrup Sygehus hvor Anders havde befundet sig den 3. december 1910.

Stor ståhej for ikke ret meget, og hvor meget kan vi mennesker egentlig huske efter over tre måneder? En del mennesker blev hørt godt og grundigt i sagen, inklusive Anders, som, ifølge domprotokollen, ihærdigt forsøgte at snakke udenom. Det var spild af kræfter fra hans side, selvom ingen rent faktisk havde set Anders stjæle tøjet. Til gengæld var det problematisk, at han åbenbart havde fortalt Gustav Madsen, at han havde begået tyveriet.

Den 6. april 1911 blev Anders, under ledsagelse af en politibetjent fra Hobro, overført til Horsens Tugthus for at afsone de 2 år for ovennævnte tyveri. Med sig havde politibetjenten nye og gamle domsakter, relation vedrørende arrestanten, lægeattest og en fortegnelse over arrestantens eventuelle ejendele. Af lægeattesten fremgår det, "at Anders Gjermand Jensen ikke lider af nogen smitsom sygdom". Relationspapiret viser, udover almindelige data som navn og fødselsår/sted, også en liste over Anders` tidligere "bedrifter", i alt 12 domme. Det ses også, at Anders på dette tidspunkt betegner sig selv som sliber under stillingsbetegnelsen.

Dagen efter udfyldte Anders et spørgeskema som fange nummer 317 og med domsnummeret 7176. I forhold til skemaet fra den 20. november 1908 er dette skema ret trist læsning. På spørgsmålet om, hvordan han har ernæret sig siden konfirmationen, svarede han: "af at snyde og bedrage folk og berøvet dem deres gods fra". Hvad angår hans planer for fremtiden, er der ikke megen optimisme at hente: "det kan jeg ikke sige før jeg kan holde op med at drikke for det bestemmer min fremtid". På dette skema kan Anders heller ikke huske sin fars død.

Blandt de brodne kar fandtes/findes også mennesker fra de bedre stillede kredse. I 1911 kom Anders i "fint"selskab i form af den forhenværende, bedrageridømte, justitsminister og venstremand P. A. Alberti. Han blev i 1910 idømt 8 års tugthus for bedrageri for 15 millioner kr.

1913-1918. Broderens død

Anders var i Horsens indtil den 23. april 1913 og kom så til Kjellerup hvor han blev arresteret for gadeoptøjer den 22. november samme år. Anders, som efterhånden havde rundet de 30 år og på det tidspunkt kaldte sig arbejdsmand, fik en bøde på 40 kr. og sad i varetægt i den lokale arrest til den 23. november. Forinden var han blevet idømt sammenlagt 198 dages tvangsarbejde for betleri.

Så i 1914 fik Anders et gensyn med Viborg Arbejdsanstalt, da han den 23. juli blev indlagt som lem nummer 559 med en dom på 72 dage fra Skive Byfoged og Kontor for betleri. Anders stak dog af fra anstalten den 15. august, men lovens lange arm fik hurtigt fat i ham, og han måtte tilbringe en nat i Kjellerup Arrest for "ophold under transport" før han blev transporteret tilbage til Viborg dagen efter.

Anders havde fået en bøde på 200 kr., så da han slap fri fra arbejdsanstalten den 21. august 1914 med 3 kr. og 24 øre på lommen, var det blot for at vende tilbage til arresthuset. Derefter gik det retur til Viborg den 18. september indtil den 31. oktober, hvor han udgik fra anstalten.

Under sit ophold på anstalten lavede Anders forskellige ting og blev for øvrigt af sognet beordret på halvt sigtebrød. Fra den 28. juli til den 31. juli og i september lappede han sokker. I begyndelsen af august, fra den fjerde til den syvende, arbejdede han med fletning og i oktober 1914 begyndte han på træarbejde og vævning af måtter.

Udover de 200 kr. i bøde for overtrædelse af straffelovens §100 og for politiuorden, blev der i 1914 også iværksat undersøgelser mod

Anders vedrørende forbrydelser mod sædeligheden, men der blev dog ikke rejst tiltale mod ham.

Tiden under 1. Verdenskrig tilbragte Anders øjensynligt mere indendørs end udendørs. Allerede den 25. marts 1915 kom Anders en tur i Kjellerup Arrest, anholdt efter begæring fra Varde. Han var i besiddelse af "hele"to æsker tændstikker, hvilket jo på den anden side var en nødvendighed, når man tager hans rygebehov i betragtning.

Måneden efter, den 25. april, blev Anders idømt 2½ års forbedringshusarbejde ved Varde Kjøbstads Extraret, men denne afgørelse blev anket og ved Viborg Landsoverret blev straffen skærpet den 31. maj 1915. Den dag blev Anders idømt 3 års tugthusarbejde for simpelt tyveri. Det lyder hårdt, men det var nu hans 19. dom siden 1899, og så var det måske svært at slippe billigere.

Der var sket det, at Anders, som igen havde erkendt sin skyld, i februar 1915 i nogle dage havde opholdt sig på en gård i Grimstrup. Her havde han beskæftiget sig med at udføre cykelreparationer for omegnens folk, indtil han afbrød arbejdet og tog bort fra gården (jo, Anders påtog sig faktisk også ærligt arbejde). Han vendte dog tilbage otte dage efter om aftenen ved syvtiden og gik, uden at have talt med nogen af gårdens folk, ind i karlekammeret for at gå i seng.

Anders fik imidlertid øje på en efterladt kuffert, der stod i kammeret. Kufferten tilhørte en tidligere medarbejder på gården, som forklarede, at han havde låst kufferten da han rejste. Det mente Anders ikke var tilfældet og da han i allerhøjeste grad trængte til tøj, besluttede han sig for at undersøge dens indhold. Han "udvalgte"-sig så følgende genstande: et sæt tøj, et par snørestøvler, en hue, en foldekniv, en hvæssesten, et cigarrør med etui, to barberknive, et vækkeur, en sort krave og et par seler.

Bortset fra en barberkniv og kraven, som Anders havde smidt væk, byttede eller forærede han de fleste genstande væk. Sammenlagt blev de stjålne ting vurderet til 25 kr. og 60 øre, og de fleste kom faktisk tilbage til rette ejermand, som derpå gav afkald på erstatning.

Det var øjensynligt femte gang Anders blev dømt efter straffelovens §232 for simpelt tyveri og, udover de tre års tugthusarbejde, skulle han også udrede sagens omkostninger og salærer, både i underretten og overretten. I sidstnævnte tilfælde skulle Anders betale 20 kr. til både Aktor og Defensor. Det skete næppe. Som vanlig blev sagens behandling i første instans (Varde) og den befalede sagførelse for begge retter kendt lovlig.

Hvad angår den da 32-årige Anders, kunne han i det mindste glæde sig over lægeudtalelesen fra den 8. juni 1915, som erklærede, at: "Arrestant Anders Gjermand Jensen lider ikke af nogen som helst smitsom sygdom"

Dagen efter blev Anders, under behørig bevogtning af en politibetjent, overført fra Varde til Horsens, hvor han skulle afsone sin straf som fange nummer 317. Som nævnt foretrak Anders selv at blive kaldt "Braad" og det respekterede man i fængselsvæsenet. I papirerne optræder "Braad" som kaldenavn umiddelbart efter hans rigtige navne.

Gammel bygning med moderne overvågningsudstyr på taget. Horsens
Statsfængsel.
Fotograf: H. E. Gjermandsen.

Anders skulle som sædvanlig selv udfylde et spørgeskema og det
gjorde han, både med en ganske tydelig (ædruelig?) skrift og en høj
grad af oprigtighed. Til spørgsmålene om, hvor han har opholdt
sig og hvorledes han har ernæret sig efter konfirmationen, svarede
Anders: "i fængsel"og "ved tyveri og betleri og andre ulovlige ting".
Ligeledes erkendte han også her i 1915, at han var "drikfældig, ud-
svævende, forlystelsessyg, hengiven til spil og lediggang". Til gen-

gæld havde han ikke noget klart svar på, hvilke planer han havde for fremtiden: "det ved jeg ikke".

I de af fængselspersonalet udfyldte papirer fremgår det, at Anders ved indsættelsen den 9. juni i Horsens var cirka 160½ cm høj og middel af bygning. Han havde mellemblondt hår, skifergrå øjne, bred næse og, på trods af sin livsstil, en sund ansigtsfarve. Af sprog han kunne tale, nævnes kun dansk.

Til gengæld havde han flere særlige kendemærker: på højre underarm et anker og på højre håndryg en stjerne; på venstre underarm stod der noget i retning af A. K. anker 1899 og på venstre håndryg en stjerne samt nogle utydelige mærker.

Til spørgsmålet om sidste opholdssted, svarede Anders, at han havde vagabonderet og som næringsvej opgav han arbejdsmand, sliber og sømand. Soldat blev han aldrig, ligesom han heller ikke blev gift og fik børn. Derimod svarede han ja til, at han både kunne læse og skrive dengang. Overfor personalet virkede han ved ankomsten ganske sorgløs og ligeglad.

Helt så problemløst som det lyder blev hans ophold i tugthuset nu ikke. Både i 1916 og 1917 begik Anders, ifølge de ansatte på stedet, blandt andet disse forseelser: ulydighed, upassende udtalelser og optræden overfor betjente, respektstridig opførsel, forsøg på at skaffe fanger skrå og en anklage mod en betjent for tyveri.

For disse forseelser fik Anders blandt andet 24 timer i en mørk celle og nedrykning fra den klasse han var placeret i. Der var 5 klasser, og Anders nåede på et tidspunkt op i den næstbedste, altså fjerde klasse. Som straf for sin, efter personalets opfattelse, kritisable adfærd blev han så, i perioder, rykket tilbage til første eller anden klasse. Desuden blev hans løsladelse udskudt til den 17. juni 1918, altså en forlængelse på 8 dage. Det ser ud til, at han ved sin løsladelse befandt sig i anden klasse, hvortil han var rykket op den 26. maj.

Under opholdet arbejdede Anders med kurve, børstenbinderi, væveri, papirarbejde, gulvvask og køkkenarbejde. Når han så havde fri, kunne han for eksempel skrive eller tale med slægtninge og Anders havde kontakt med noget af sin familie. Han skrev både kort og breve til sin mor, en bror og en svigerinde i perioden 4. juli 1915 til 2. juni 1918.

Som indsat i Horsens kunne man faktisk godt have en grøn udsigt.
Fotograf: H. E. Gjermandsen.

Hvad angik helbredet, fejlede Anders ikke noget umiddelbart livstruende, men hans arme var begyndt at drille. Han blev opereret i den ene arm den 26. november 1915 og den 10. februar 1916, og fik i januar 1918 konstateret gigt, men det fremgår ikke hvor. Et par måneder senere fik han hævelser i en arm og i juni 1918 blev der konstateret gigt i venstre arm. Derudover nævnes der kun en influenza i januar 1917, men en sådan kan jo også være livstruende.

Det pågældende steds læge kunne, efter behov, ordinere særlig behandling og/eller særlig forplejning. For eksempel ordinerede lægen den 24. oktober 1917 en læderrem til Anders` noget kraftesløse håndled og i marts 1918 mente lægen, at Anders kun tålte let arbejde på grund af en svag arm. I begyndelsen af opholdet vejede Anders 63 kg, men var ved sin løsladelse nede på 57 kg.

Under hele opholdet i straffeanstalten i Horsens i årene 1915-18 blev Anders og hans adfærd flere gange bedømt af en fængselsbetjent, første gang den 4. september 1915 og sidste gang den 10. juni 1918. Det ser ud til, at der var otte forskellige fængselsbetjente, der hver især gav deres subjektive vurdering af Anders alias fange nummer 317. Til formålet benyttede man et skema med følgende spørgsmål:

I

Hvorledes udtaler fangen sig om sin forbrydelse?

I marts 1916 forklarede Anders øjensynligt, at han havde en dårlig arm og ikke kunne arbejde, men måtte tigge. Han kunne ikke blive til noget, men føden skulle han have, og så stjal han. Både i 1917 og i 1918 blev det noteret, at Anders ikke viste tegn på, at ville angre sin forbrydelse.

2

Hvorledes udtaler fangen sig om loven? Om samfundet?

Han indså dens (lovens) nødvendighed i 1916, men følte sig forurettet i 1917.

3

Hvorledes udtaler fangen sig om religionen?

Både i 1916 og i 1917 mente Anders, at den var ligegyldig, mens han i 1918 kaldte sig fritænker.

4

Hvorledes udtaler fangen sig om fængslet?

I 1916 erkendte Anders, at han godt vidste, at han var pirrelig og ved det mindste blev let opfarende. Senere, i 1917, havde han fundet sig godt til rette, men i begyndelsen af 1918 var han meget fornærmet over, at han kom ned i første klasse. Kort før sin løsladelse talte han dog kun godt om fængslet.

5

Hvorledes udtaler fangen sig om sit fremtidige liv?

I marts 1916 var det åbenbart Anders` plan, at komme ud at sejle som fyrbøder, men både i 1917 og i 1918 noterede fængselsbetjentene at man ikke kunne forvente, at Anders ville forbedre sig.

6

Hvorledes er fangens forstandsevner?

Èn af fængselsbetjentene beskrev Anders som til tider en del forstyrret og en anden kaldte ham en dårlig begavelse. De øvrige vurderinger rækker fra nogenlunde, almindelig, god og ret god. Det er jo egentlig temmelig positivt, at kun èn betegnede Anders som værende dårligt begavet og flertallet har som bekendt altid ret, eller hvad? Nej, disse bedømmelser skal absolut tages med det berømte gran salt.

7

Hvorledes er fangens sindelag?

Det blev i årernes løb (1915-18) betegnet som både roligt og heftigt.

8

Hvilken er fangens hyppigste sindsstemning?

Her er der stor enighed om, at betegne den med èt ord: ligeglad. I 1918 blev Anders dog mere alvorlig, og kunne blive gnaven når han ikke fik sin vilje.

9

Hvilke er fangens fremtrædende egenskaber?

Også på dette punkt er enigheden stor blandt fængselsbetjentene, idet de fleste karakteriserede Anders som viljeløs. Der var dog en enkelt betjent, som i 1917 mente, at Anders var bestemt! Altså det stik modsatte af viljeløs.

10

Hvorledes er fangens legemlige tilstand?

I december 1916 havde Anders en dårlig arm, men ellers blev hans fysiske tilstand betegnet som kraftig lige fra start og indtil den 17. februar 1918, hvor han blev beskrevet som spinkel (men fejlede ikke noget). Værre så det åbenbart ud i juni 1918, hvor man syntes, at Anders havde et sygeligt udseende, men på det tidspunkt havde han som nævnt også tabt seks kilogram.

11

Hvad foretager fangen sig i fritiden?

Heller ikke dengang havde Anders noget imod at tale med andre, for det var det han brugte det meste af sin fritid med når ikke han sov, eller i et enkelt tilfælde, arbejdede.

12

Hvorledes er fangens forhold til medfangerne?

Anders kom, stort set, godt ud af det med de fleste af de andre fanger. Der nævnes kun to fanger som Anders åbenbart havde en eller anden strid med og det kan vel næppe siges at være noget specielt når man sidder indespærret i tre år. Men Anders knyttede sig heller ikke til nogen bestemt, bortset fra to personer. Den ene var i 1917 og den anden var en fange, som i 1916 underviste Anders i skrivning.

13

Hvorledes er fangens opførsel overfor opsynet?

I det meste af afsoningsperioden fik Anders faktisk en positiv omtale. Han blev betegnet som værende både høflig og flink, og med en tilfredsstillende og lydig adfærd. Dette til trods for, at han jo var blevet straffet for det modsatte under sit ophold. Både i januar, marts og april 1918 havde Anders det noget svært ved at makke ret. Blandt andet kom han med æreskrænkende beskyldninger mod betjentene og den 12. marts nægtede han at arbejde.

Da Anders skulle bedømmes den 17. marts blev han slet ikke bedømt, fordi, ifølge fængselsbetjenten: "var her kun en halv dag. I den tid opførte han sig så næsvis og respektstridig så det trodser enhver beskrivelse".

Ved bedømmelsen den 21. april 1918 gik det ikke bedre: "Hidsig og opfarende. Et par gange været ved at "løbe varm", men en kold vind har virket svalende. Ret vanskelig fange".

Til gengæld var der åbenbart fremgang at spore ved bedømmelsen den 21. maj 1918, hvor fængselsbetjenten nøjedes med at konstatere, at der intet var at bemærke og at fangen virkede høflig.

Endelig, den 17. juni 1918, kunne Anders atter engang forlade et fængsel som en fri mand. Han tog derefter til Kjellerup for at besøge sin mor Ane Marie og fortsatte, ser det ud til, med at vagabondere med sin slibevogn.

Sidst på året fik både Anders og hans mor en trist meddelelse. Hans "gamle" (slags-)broder, Jacob Jensen, døde den 11. november 1918 på Frelsens Hærs Lazaret i Nykøbing Mors af den såkaldte spanske syge, kun 38 år gammel. Det var en influenzavirus, som kostede over 14.000 danskere livet og mere end halvdelen af den danske befolkning blev smittet. Også Jacobs kone, min farmor Ane Kirstine Jensen, og èn af deres seks børn var syge, men overlevede.

Jacob blev som nævnt født i foråret 1880 og døbt i Skjern Kirke den 25. marts. Han blev konfirmeret 1. april 1894 og fik samme gennemsnitlige vurdering som Anders vedrørende kundskaber og forhold. Senere, i 1902, fik de samme brødre bøder for politiuorden!

Året efter aftjente Jacob sin værnepligt i perioden fra den 29. juli til den 2. december, efter at være blevet afvist i 1902. Senest i 1904 mødte Jacob tjenestepigen, eller tyendet, Ane Kirstine Jensen fra Mors og de blev kirkeligt viet den 5. marts 1905 i Nykøbing Mors, muligvis på grund af graviditet. Det kan under alle omstændigheder konstateres, at parret fik deres første barn, Jenny, den 30. juni samme år. Jenny fik, som den eneste af børnene, for øvrigt Braad som èt af hendes mellemnavne.

Da Jacob blev gift kaldte han sig rebslagersvend, men fra 1907 og frem kaldte han sig arbejdsmand eller støberiarbejder. Da han døde blev han tituleret arbejdsmand og var åbenbart ansat ved Kalkselskabet som det fremgår af nedenstående bekendtgørelse som hans enke indrykkede i Morsø Folkeblad:

Hjertelig Tak
til min kære afdøde mands arbejdsfæller ved
Kalkselskabet for den store pengegave, som
er bleven mig overrakt.

Jakob Jensens Enke (Jacob her stavet med K).

De penge faldt utvivlsomt på et meget tørt sted. Jacob havde, i perioder, problemer med vold og druk ligesom sin far, og efterlod sig absolut ingenting. Ofte måtte hans kone sende deres ældste datter hen på beverdingen for at redde i det mindste noget af lønnen. Det ser ud til, at Jacob var gået på vandvognen inden sin alt for tidlige bortgang, måske inspireret af den dengang omsiggribende afholdsbevægelse.

Det virker lidt underligt, at Jacob, der skabte sig en såkaldt almindelig tilværelse med arbejde, kone og børn, døde i en, også dengang, ret ung alder, hvorimod Anders, med sit omtumlede og usunde liv, blev over dobbelt så gammel.

Til gengæld efterlod Jacob sig altså kone og seks børn, som, i 1920, fik hjælp til at komme til Århus, i de første år på adressen Brendstrupvej 46. Her kom også Anders på besøg – dog på den betingelse, at han var ædru. Ane Kirstine valgte i øvrigt, i 1931, at skifte efternavnet Jensen ud med Gjermandsen, uvist hvorfor.

1919-1921. Selvmordsforsøg

Som 36-årig blev Anders den 31. december 1919 slettet af lægds-rullen og han kunne sikkert godt have tænkt sig at også hans synderegister kunne være blevet slettet, men i stedet fortsatte han blot med at få fyldt på. I 1919 var Anders en tur på Sjælland, hvor han den 14. april fik en "aftale"med Holbæk Købstads Extraret. Denne "aftale"gik ud på, at Anders blev idømt 6 måneders fængsel på sædvanlig fangekost ifølge straffelovens §232, jvf. §62 og 39.

Året efter, nærmere betegnet den 22. marts 1920, var Anders tilbage i Jylland. Denne gang befandt han sig foran extraretten for Silkeborg Købstad og Birk med Hids Herred, sigtet for tyveri. Han havde tilstået, at han, den 2. januar, havde frastjålet en frøken Jenny Nielsen af Silkeborg en damefrakke, som lå frit fremme på en trappegang, hvortil adgangen var uhindret. Frøken Nielsen fik sin frakke, som var vurderet til 50 kr., tilbage og frafaldte ethvert erstatningskrav.

Retten i Silkeborg havde indhentet oplysninger fra blandt andet amtslægen for Holbæk, som, den 13. marts 1919, havde vurderet, at Anders, i beruset tilstand, ikke kunne betegnes som værende nor-mal tilregnelig. Og beruset var Anders da han stjal frakken, men det var jo ikke ligefrem hans første lovovertrædelse. Så alt i alt:

"Thi kjendes for ret. Arrestanten Anders Gjermand Jensen, kaldet Braad, bør straffes med forbedringshusarbejde i 8 måneder foruden at betale sagens omkostninger".

Selv om salæret, alene til forsvareren, beløb sig til 20 kr. så har Anders, som jo ikke just var en rig mand, næppe bekymret sig særlig meget om den økonomiske del af dommen.

Straffen skulle afsones i straffeanstalten i Horsens og politimesteren i Silkeborg med videre, forhørte sig derfor fem dage efter dommen om, hvornår "Arrestanten vil kunne modtages på Straffeanstalten". Politimesteren understreger, at vedkommende tidligere har udstået strafarbejde som for at vise, at Anders var "kvalificeret"til at komme til Horsens. Enten det, eller også var politimesteren bare stærkt interesseret i at slippe af med ham. Det lykkedes den 15. april 1920 da Anders blev overført til Horsens, dog først efter, at man havde skrevet under på, at han, også denne gang, var fri for smitsom sygdom.

Hvad Anders derimod ikke helt var fri for, var beklædningsgenstande. Ifølge en fortegnelse lavet af Silkeborgs arrestforvarer J. Hansen, medbragte Anders, til sit ophold i Horsens, følgende: 2 skjorter, 1 par underbenklæder, 1 par strømper, 2 par benklæder, 2 veste, 2 jakker, 1 kasket og et par støvler.

Det var politikontoret i Silkeborg, der, naturligvis under ledsagelse, sørgede for transporten til den østjyske straffeanstalt. Med Anders fulgte, udover lægeattest og listen over beklædningsgenstande, også et udskrift af dommen samt en såkaldt relation, som indeholdt oplysninger om arrestanten. Denne relation kunne myndighederne i Silkeborg dog ikke udfylde helt "da domfældte ansøger om delvis benådning eller formildelse af dommen og såvel domsakter som forakterne er fulgt med ansøgningen. Men så snart domsakten returneres, vil denne uophørlig blive tilstilet straffeanstalten".

Anders forsøgte altså at slippe for at "sidde"tiden, de 8 måneder, ud, og på grund af pladsmangel i Horsens var han allerede begyndt sin afsoning i Silkeborgs lokale arresthus den 27. marts 1920, kl 9 om formiddagen. For at kunne gøre det, skulle arrestanten være "villig til at underkaste sig de af ministeriet givne forskrifter for straffefanger, der afsoner dele af strafarbejde=dom i arresthuset".

Ved ankomsten til Horsens den 15. april 1920 skulle der, som vanligt, også her udfyldes nogle papirer for domsnummer 9412, fange nummer 582 alias Anders. Af disse papirer fremgår det blandt andet at, hvad angår penge, var Anders i besiddelse af 4,30 kr. Det oplyses også, at hans sidste faste opholdssted havde været Javngyde, Tulstrup Sogn, Gl. Skanderborg Amt og at han opgav sin næringsvej som sømand.

Han beskrives her i 1920 som værende 161 cm høj med blondt hår, grå øjne og med et ovalt ansigt. Desuden havde han et ar over næseremmen og to store ar i panden over venstre øje, måske som et resultat af et eller andet håndgemæng. Det blev endvidere noteret, at han kunne læse og skrive og at han fortsat var ugift og uden børn.

Også denne gang blev Anders bedømt af forskellige fængselsbetjente. Blandt andet den 19. september 1920, hvor hans forstandsevner blev betegnet som noget indskrænket fordi han ikke kunne læse og skrive. Det fremgår ellers et andet sted i materialet at det kunne han godt!

Hans sindelag blev beskrevet som noget trodsig og hans hyppigste sindsstemning som værende ligeglad. Den mest fremtrædende egenskab hos Anders skulle være at han var viljeløs, og hvad angår hans legemlige tilstand, stilles der spørgsmål til, om han var krøbling.

I sin fritid sover og samtaler han og havde øjensynlig ingen særlige problemer med de øvrige fanger. Overfor fængselspersonalet blev hans adfærd, i dette tilfælde, betegnet som slesk og høflig. Senere, den 18. november 1920, blev hans opførsel overfor personalet kaldt for indvendende og næsvis af en anden fængselsbetjent i en tilsvarende bedømmelse. Her var gnavenhed hans hyppigste sindsstemning og hans mest fremtrædende egenskab var hykleri. Dette blev, ifølge betjenten, tydeligt illustreret når Anders forsøgte at overbevise personalet om, at han havde dårlig arm.

Det var åbenbart ikke hykleri, for den 20. september 1920 blev han faktisk erklæret syg og en måneds tid efter, den 26. oktober, benævnt som invalid. Et andet sted i materialet står der "operation arm", men det fremgår ikke, om operationen fandt sted. Derimod ser det ud til, at Anders på et tidspunkt forsøgte at begå selvmord i en arrest.

I denne periode i fængslet beskæftigede Anders sig med sejlgarn og strømpestopning indtil man den 24. september anbefalede, at han kom på invalideafdeling. Derudover fik han tilladelse til at skrive breve, hvilket han gjorde. Den 9. maj og den 25. juli skrev han til en bror, den 22. august sendte han et brev til en sognepræst og den 3. september skrev han til sin mor. Så helt uden evner til at skrive var han altså ikke. Det lykkedes ikke Anders at få reduceret sin straf, så han måtte vente til den 27. november 1920 før han blev løsladt. Han tog derpå til Viborg.

Der gik dog ikke lang tid før Anders måtte vende tilbage til Horsens. Den 19. april 1921 blev der afsagt dom i en sag hvor Anders og en anden person var blevet tiltalt for tyveri (Anders) og tyveri eller meddelagtighed heri (den anden). Ifølge afskrift af dommen, var der sket følgende:

Ved arrestanternes uforbeholdne tilståelse i retten er det bevist, at de rejste med en skærsliber, som den 1. april om eftermiddagen gav arrestant Jensen tre kroner for at købe korn til hans hest. Men Jensen og hans kammesjuk brugte pengene for at få noget at drikke. Selv om de var berusede, indså de, at de på anden måde måtte skaffe korn, idet de ikke havde flere penge. Anders gik derfor om aftenen ved 11-12 tiden ind i en gård vest for Arden, hvor han tog noget korn, uden at han dog kunne huske de nærmere omstændigheder, men det er oplyst, at rummet, hvor kornet lå, var aflåst.

Kornet blev lagt i en medbragt sæk, og arrestanterne bar sækken med kornet til skærslibervognen, hvor det blev fundet næste dag, efter at tyveriet var opdaget. Den bestjålne, gårdejer Jørgen Kold af Gl. Abildgaard, fik dog kornet tilbage og frafaldt derfor ethvert krav om erstatning.

En meget lille sag, men for Anders, med hans fortid, betød det, at han blev idømt forbedringshusarbejde i 8 måneder. Retten kunne jo gøre opmærksom på, at arrestanten, Anders Gjermand Jensen, kaldet Braad, tidligere havde været straffet i alt 22 gange for blandt andet vold, betleri, tyveri og brandstiftelse.

Desuden blev der henvist til lægeerklæringen fra Holbæk af 13. marts 1919, hvori det påstås, at Anders var arveligt degenereret og som i beruset tilstand ikke kunne antages at være i besiddelse af den tilregnelighed, der fandtes hos voksne og sjælssunde personer. Denne erklæring blev bakket op af kredslægen i Terndrup den 18. maj 1921. Anders' medskyldige slap betydeligt billigere, fordi han ikke tidligere havde været straffet. Hans varetægtsfængsel trådte i stedet for en strafafsoning.

Så der var ingen vej udenom for Anders. Nogle dage efter dommen, nærmere betegnet den 23. april, skrev politikontoret i Hadsund til Horsens Straffeanstalt for at høre, hvornår de kunne modtage Anders. Samtidig blev der gjort opmærksom på, at arrestanten havde påbegyndt sin afsoning i arresten den 22. april.

Nutildags er der mennesker, der mener, at fængselsfanger har det for godt.
Er det godt, at man ikke kan låse sin dør op indefra, som her i Horsens?
Fotograf: H. E. Gjermandsen.

Med tanke på førnævnte lægeudtalelser, virker det bemærkelsesværdigt, at politiet, i dette tilfælde, udtalte følgende om Anders:

"Under opholdet i arresten, både som varetægtsarrestant og som fange (afsoner), har hans opførsel i enhver henseende været korrekt og eksemplarisk".

Desuden oplyste politiet om, at Anders havde klaget over smerter i venstre arm, og havde derfor hovedsageligt været beskæftiget med arbejder af lettere art, som for eksempel rensning og reparation af ure og reparationer af læderfodtøj. Ja, håndværksmæssig snilde havde Anders, også dengang.

Under transporten til straffeanstalten i Horsens var Anders under bevogtning af en enkelt politibetjent, som også medbragte en række dokumenter vedrørende arrestanten. Èt af disse var en lægeerklæring fra den 22. maj 1921, som ikke omtaler Anders` venstre arm. Erklæringen lød som følgende:

"Dags dato har jeg undersøgt Anders Gjermand Jensen, kaldet

Braad, i Terndrup Arrest. Han frembyder ikke tegn på nogen sygdom, der er til hinder for hans anbringelse i tugthuset". Så i foråret 1921 er Anders` helbredstilstand stadig god, på trods af en ikke særlig sund livsførelse.

Han kom til Horsens fra Terndrup Arrest den 23. maj 1921 og skulle først løslades den 22. december 1921, men han kom tilbage til friheden allerede den 2. november fordi han blev benådet. Dette var han blevet indstillet til, og 1. november skrev justitsministeriet til inspektøren for Horsens Straffeanstalt for at informere om, at indstillingen var godkendt. Helt så enkelt kunne det dengang ikke formuleres, så justitsministeriets besvarelse, som var skrevet af direktøren for fængselsvæsenet, lød som følger:

"På justitsministeriets derom allerunderdanigst nedlagte forestilling har det behaget hans majestæt kongen under 30. f. m. allernådigst at bifalde, at fange nummer 582 i Horsens Straffeanstalt Anders Gjermand Jensen, kaldet Braad, løslades af straffeanstalten og fritages for at udstå den resterende del af den ham ikendte straf af forbedringshusarbejde i 8 måneder. Hvilket man herved under henvisning til inspektørens skrivelse af 1. f. m. (9664/582) skal meddele til behagelig efterretning og videre foranstaltning".

Som Anders` næringsveje opgav myndighederne arbejdskarl og sømand. Det oplyses, at han har sejlet udenrigs, engang 4 år i træk, vagabonderet og havde haft tilfældigt arbejde. På det skema som Anders selv skulle udfylde, skrev han at han, efter konfirmationen, havde ernæret sig ved tyveri, bedrageri og betleri i flere lande. Han erkendte fortsat, at han var drikfældig, udsvævende, forlystelsessyg og hengiven til spil og lediggang. Bortset fra moderen, som boede i Kjellerup, vidste Anders ikke hvor den øvrige familie levede, og fremtidsplaner havde han stadigvæk ingen af.

Fysisk set blev han beskrevet som værende 1,61 m høj med en vægt på 61,5 kg. Han havde blå øjne og hans liv havde endnu ikke givet ham grå stænk i det blonde hår. Til gengæld havde han fået rynker i panden og tre mellem øjenbrynene. Hans næse var åbenbart skæv til højre (set forfra) og hans tatoveringer på venstre underarm, anker og stjerne, blev også noteret. Der var ikke meget datidens fængsels-væsen gik glip af.

Under sit ophold i Horsens blev Anders sat til at arbejde med kurve og papir. Han skrev breve til arrestforvaren i Terndrup den 28. august 1921 og til sognepræsten i sit fødesogn den 4. september. I juni, altså midt om sommeren, havde han fået tilladelse til at bære uldtrøje uden på skjorten, men det fremgår ikke hvorfor.

En månedstid senere, den 16. juli, blev Anders atter engang bedømt af en fængselsbetjent. Her blev hans forstandsevner betegnet som nogenlunde og hans sindelag som heftig. Dog ikke så meget, at der var noget at klage over vedrørende hans adfærd: medgørlig overfor medfanger og høflig og lydig overfor opsynet.

Den hyppigste sindsstemning hos Anders var øjensynligt at være ligeglad og han blev karakteriseret som viljeløs. Fysisk set havde han en såkaldt vissen arm. Ifølge papirerne noget sct.voitsdans. Han blev faktisk indlagt på sygehus den 27. oktober og kom retur den 1. november, altså dagen før sin løsladelse.

Men om det var fordi, at det var vinter og Anders havde brug for at blive varmet op elle ej, så kan det konstateres, at der ikke gik mere end seks dage før Anders igen var bag lås og slå. Denne gang i den lokale Kjellerup Arrest, hvor han skulle afsone 5 dages simpelt fængsel for gadeuorden. Han var blevet arresteret den 8. november 1921, klokken 17, og var blevet idømt en bøde på 20 kr. til politikassen. Men da Anders ikke havde noget han skulle nå, så kunne han ligeså godt "sidde"bøden af fra den 10. til den 15. november. Her i Kjellerup blev han for øvrigt beskrevet som værende almindelig af bygning og 163 cm høj, hvilket var to centimeter højere end man havde målt ham til i Horsens, men det var måske uden sko på.

Ikke overraskende sluttede Anders året 1921 af med en dom fra Viborg. Han havde erkendt, at han havde betlet penge og mad i Hammershøj den 6. december og blev otte dage senere idømt 30 dage på sædvanlig fængselskost. Så var han da sikker på, at få noget at spise nytårsaften og endda måske også noget at drikke!

1922-1940. Knap så meget bøvl

Fra 1922 og frem til 1940 ser det ud til, at Anders undgik at havne i de store fængsler som Horsens og Vridsløselille. Nu var han jo efterhånden også blevet 39 år gammel og burde vel have fået løbet hornene af sig. Det havde han måske også, men det betød ikke, at han i de år ikke kom i arresten eller på Viborg Arbejdsanstalt. Det var dog småtterier, set med nutidens øjne. For eksempel blev han den 13. november 1922 idømt 90 dages tvangsarbejde af retten i Middelfart for betleri.

Ellers var det hovedsageligt den lokale arrest i Kjellerup, som fik "fornøjelsen"af Anders når han enten ikke kunne, eller ville, betale de bøder han fik for blandt andet gadeuorden, beruselse og undladt at melde afgang fra folkeregisteret i Levring.

Fra 1923 til 1932 "besøgte"Anders Kjellerup Arrest mindst én gang om året. Derudover var han på arbejdsanstalten i Viborg tre gange i 1931, en gang i 1932 og en gang i 1935-36.

Hvis ellers alt det, der er noteret vedrørende Anders og hans al-koholforbrug, er bare nogenlunde korrekt, så har han jo, næsten bogstaveligt, ligget i sprit det meste af tiden. Selv ikke opholdene i Viborg kunne kurere ham. Det var jo ellers meningen med insti-tutionen i den gamle tingby, at den skulle får folk på det såkaldte rette spor.

Som det fremgår af blandt andet stedets reglement fra oktober 1939, så indebar et ophold på anstalten ellers masser af disciplin, ro, orden og renlighed. Allerede ved ankomsten kom lemmerne i bad og blev iført anstaltens beklædning. Desuden fik de jævnligt udleveret rent linned, strømper, håndklæder og lagner. To gange om ugen blev tvangsfangerne, som Anders hørte under, barberet og håret blev klippet når det fandtes nødvendigt, hvilket dengang betød, at det bestemt ikke blev noget, der bare lignede langt hår.

Noget af det værste for Anders under hans ophold i Viborg, må have været forbuddet mod røgtobak og spirituosa. Han måtte nøjes med hvidtøl og skulle derudover også stå tidligt op for at arbejde. Afhængigt af årstiden, blev beboerne vækket mellem kl. 6 og kl. 7. Så havde de en halv time til at gøre soverummene i orden, vaske sig, rede senge og klæde sig på til morgenmaden. Denne havde de ligeledes en halv time til at fortære, hvorefter der skulle arbejdes indtil middagsmåltidet. Et par timer efter fortsatte man med at arbejde indtil omkring klokken 18 hvor der var aftensmad. Klokken 21.30 blev lyset slukket og alle skulle være i seng. For at sikre sig at alle var tilstede og alt i "tilbørlig orden", gik arbejdsanstaltens inspektør sig en runde.

Det var også ham, der skulle sætte de indlagte lemmer i arbejde og kontrollere, at det blev ordentlig udført. Til gengæld modtog Anders og hans med-lemmer hele 20 øre hver dag for deres indsats. Dog blev en del af dette beløb sat til side med henblik på udbetaling ved udskrivningen. En anden del kunne tvangsfangerne få lov til at bruge til småudgifter.

Besøg på anstalten af venner og familie var, med visse undtagelser, forbudt og eventuelle breve skulle læses af inspektøren, som, hvis han fandt det nødvendigt, kunne tilbageholde disse. Ligesom under arbejdstiden, skulle der også i fritiden herske ro og orden, altså uden højrøstet tale og sang. Overtrædelse af anstaltens reglement kunne medføre for eksempel ekstraarbejde i fritiden og udelukkelse fra arbejde og dermed løn. I grovere tilfælde, eksempelvis flugt, kunne man blive straffet med tvangsarbejde i indtil tre måneder. Al denne disciplin kunne dog ikke forhindre Anders i at fortsætte hvor han slap, og allerede i oktober 1932 blev han igen anholdt for beruselse i Kjellerup.

I årerne 1932-35 kaldte Anders sig for arbejdskarl og blev for øvrigt af arrestpersonalet betegnet som værende "flink og høflig, noget sløvet af alkohol". Det sidste kan ikke undre, hvorimod det nok var lidt for optimistisk at tro, at Anders ville rejse tilbage til sin fødekommune Skjern, selvom han fik udbetalt 5 kr. til formålet.

Under alle omstændigheder befandt arbejdskarl Anders sig igen i Kjellerup Arrest i perioden 21. januar 1935 til den 28. januar på grund af fuldskab. Samme dag dukkede han op i en arbejdsprotokol fra Viborg Amts Arbejdsanstalt. Her udførte han dagligt arbejde som såkaldt stuemand indtil han forlod stedet den 28. januar 1936. Han havde altså været i Viborg i et år, og kom ud tidsnok til at kunne, hvis han ville, besøge sin mor, som døde i marts 1936.

Anders var i hvert fald i området det år, idet han tre gange blev anholdt for beruselse og anbragt i den lokale arrest i Kjellerup. Det blev til i alt 17 dage, èn gang i marts og to gange i maj. Første gang var det den 9. marts, kl. 18.45, altså samme dag som hans mor døde. Anders blev sluppet fri den 15. marts, tidsnok til at kunne tage del i sin mors begravelse dagen efter.

Det ser ud til, at det var fra 1936 at Anders, som stadig ikke havde nogen fast bopæl, konsekvent begyndte at kalde sig sliber, uden at det øjensynligt gjorde nogen forskel i hans adfærd. Hans fulderi skaffede ham jævnligt husly i arresten i Kjellerup.

Det var alt sammen noget, der kun gav bøde som straf, men i 1940 havde piben fået en anden lyd, også hos retten i Kjellerup. Den 24. juni 1940, efter at tyskerne havde besat Danmark i april, lød det således i førnævnte ret:

"Da anholdte har tilstået sig skyldig i det i anklageskriftet om-
handlende forhold – ved i går aften kl. 20½ i Vestergade i Kjellerup
at have færdes i så beruset tilstand, at han vakte offentlig forargelse
og var til ulempe for de forbipasserende og således har overtrådt §4
i politivedtægten for Viborg Amts Landdistrikt. Anholdte Anders
Gjermand Jensen bør straffes med hæfte i fjorten dage og udrede
sagens omkostninger".

Samme år, den 3. august, var den gal igen. Dagen før havde Anders
igen overtrådt politivedtægten ved "at have færdes på offentlig gade og
omkring Kjellerup Sygehus i en sådan tilstand af beruselse, at han gav
anledning til offentlig forargelse og var til ulempe for andre. Under hen-
syn til den anholdte den 24. juni dette år for tilsvarende lovovertrædelse
blev idømt straf af 14 dages hæfte, vil det være passende at straffen nu
bør være fængsel i 30 dage og at udrede sagens omkostninger". Anders
erklærede sig tilfreds med dommen og ønskede ikke at anke.

I efteråret samme år blev sliber Anders Gjermand Jensen igen sig-
tet for overtrædelse af politivedtægten. Det var den 6. oktober 1940.
Dagen før kl. 14.40 havde Anders igen, denne gang i Karup by, op-
trådt i så beruset tilstand, at han skulle have forarget offentligheden
og været til gene for de forbipasserende. Denne gang fik han 40
dages fængsel og skulle som sædvanlig betale sagens omkostninger,
men det har som nævnt næppe bekymret Anders.

Han mente jo i øvrigt også, at han og hans "kollegaer" havde som
opgave at skræmme borgerskabet. Det ser ud til, at Anders, som 57-
årig i 1940, gjorde sit bedste for i det mindste at vække forargelse i
det offentlige rum.

Mens Anders lunede sig indendøre bag tremmer, så havde en dansk
film premiere den 8. november 1940. Det var et såkaldt lystspil som

mange danskere sikkert havde behov for i de mørke år under den tyske besættelse. Desuden blev vagabonder, af en del mennesker, betragtet som en slags frie, utæmmede fugle og det var Danmark jo ikke just på det tidspunkt. Så denne film kunne måske opfattes som en slags drøm om frihed, vel at mærke uden at støde den tyske besættelsesmagt.

Titlen på filmen var Vagabonden med Carl Alstrup i hovedrollen som skærslipperen Volle. Nu kan man ikke ligefrem kalde Anders` liv for et lystspil, men Alstrup gav faktisk et ret troværdigt portræt af en spritter, både hvad angår levevis, påklædning, sprog og tørst.

Sjovt nok er der visse ligheder mellem filmens Volle og Anders. Volle blev også født i 1883 og var meget glad for sin mor. Også Volle stak til søs (som 16-årig) og var børnevenlig. Anders havde som sagt et dårligt forhold til sin far, hvor Volles problem var hans stedfar. Hvad angår kriminalitet kan Volle dog ikke rigtig måle sig med Anders. Ifølge filmen var Volle kun straffet for betleri og ulovlig omgang med varer.

Billede fra filmen Vagabonden: skærsliber møder betjent. Det kunne
have været Anders, men det er Carl Alstrup i ovennævnte film.

1941-1962. Pensionist

Siden Anders blev løsladt i sidste halvdel af november 1940 ser det ikke ud til, at de lokale myndigheder i Kjellerup har haft kontakt med Anders. Han optræder ikke i papirerne op til 18-2-1944. Senere, i september, fjernede tyskerne det danske politi og det efterfølgende kommunale vagtværn har sikkert haft nok at lave med mere alvorlige forbrydelser. Hvordan Anders kom igennem den tyske besættelse af Danmark vides desværre ikke. Måske har han fortsat sit virke som skærsliber eller også har han forsøgt sig som handelsmand som han bliver kaldt i 1946. Uanset hvad Anders har bedrevet dengang, så kan det konstateres, at han stadig var, som Sigfred Pedersen formulerede det i 1955, "iblandt de vakse" efter de fem mørke år.

Indtil 1956 var pensionsalderen, eller aldersrentealderen som det hed, 65 år og hvis Anders fik pension fra han fyldte 65, så skete det i 1948. Det ser ud til, at han først slog sig ned i Salten og derefter tog ophold på et plejehjem i Them indtil cirka 1956/57. Før det skete, havde han i to måneder været indlagt på hospitalet i Brædstrup med lungehindebetændelse.

Ifølge Anders selv i 1956, holdt han først op med at gå på landevejene i 1954. I 1957 boede Anders i et kælderværelse i Virklund ved Silkeborg, hvor han levede af sin pension. I årerne 1958-62 befandt Anders sig i Ans, dels på et værelse i september 1961 og dels på et plejehjem i januar 1962. I de år fik han besøg af noget af sin familie fra Århus, ligesom han også selv kom til den jyske hovedstad.

1965. Ikke mere bøvl

Bedrageri, gadeuorden, beruselse, tyveri, vold og legemsbeskadigelse, pengeafpesning, røveri, brandstiftelse og betleri. En kedelig liste, hvilket Anders som pensionist heller ikke lagde skjul på: "Jeg har oplevet meget, men det har faktisk været skidt alt sammen, ikke noget at prale af". Han fortalte også om sit drikkeri og om problemerne med sin far og hans selvmord. Til gengæld pyntede han nok temmelig meget på sandheden om sin karriere som sømand. Det ser ud til, at Anders har været ude at sejle, men vist ikke i den grad som han påstod, men det lyder selvfølgelig bedre end at sige, at man har været i fængsel. Anders fik en skidt start på livet, både derhjemme og da han som 16-årig fik bank af spanskrøret. Det har næppe været med til at skubbe Anders i den rigtige retning. Heller ikke brugen af en mørk celle i mange timer som straf i fængslerne har været gavnlig. Bortset fra det, virker det ellers til, at Anders har fået en ganske retfærdig behandling af datidens retssystem.

Anders og hans generation havde oplevet en masse. Fra et voksende industrisamfund hvor mange havde for lidt, over to verdenskrige til velfærdssamfundet i 1960èrne hvor de fleste havde fået det materielt godt.

Men alt har som bekendt en ende, ikke mindst et menneskeliv. Hvad angår Anders Gjermand Jensen, så sluttede hans gang på jorden den 11. maj 1965, samme dag som undertegnede fyldte 14 år. Anders tilbragte sin sidste tid på Reballegård, Søvind Sogn, Voer Herred i Skanderborg Amt (Århus Amt). Han blev begravet fire dage efter af sognepræst Anker Møller på Søvind Sogns kirkegård og blev betegnet som forhenværende sømand.

Jeg fik på et tidspunkt et brev fra en anden sognepræst for Gangsted-Søvinds pastorat, Sophie Seidelin, som fortalte, at den forhenværende forstander på Reballegård, Mia Bendtsen, nåede at lære Anders at kende som "en usædvanlig mand, der ikke længere hverken røg eller drak og ikke ville være til ulejlighed. Han var et menneske man husker". Dette til trods for, at Anders øjensynligt kun havde haft ophold på Reballegård en måneds tid.

På trods af et liv, som muligvis kan få mange sundhedsfanatikere til at korse sig, rundede Anders de 82 år og døde faktisk som et meget afholdt menneske, igen på trods af hans noget anløbne "karriere". Ja, han blev ligefrem så kendt, at han blandt andet kom i det landsdækkende ugeblad, Familie-Journalen. Ikke dårligt af en gammel rod, som altså også havde nogle goder sider: børneven, fingernem, sober anlagt – trods alt, ret omgængelig og en god historiefortæller.

Denne historie begyndte med Anders` egne erindringer. Det vil derfor være naturligt, at historien også ender med hans egne ord. Aftenen før Anders sov ind, talte han med forstanderen på Reballegård og sagde: "De har så megen ulejlighed med at se til os hele tiden – lad nu bare mig ligge i nat, så er jeg lige så stille i sengen i morgen tidlig".

Kronologi

1883, 7. april: født i Tindbæk, Skjern Sogn, Viborg Amt.
      15. – : døbt i kirken.
1890: bopæl i Kjellerup, Hørup Sogn.
1897, 11. april: konfirmeret i Levring Kirke.
1899, 9. august: første straf for bedrageri.
1901, marts og april: fæste som tjenestekarl.
      , 5-7. maj: anholdt.
1902, 18. februar: bøde for politiuorden.
      , 15-18. maj: fængsel for politiuorden.
      Arbejdskarl og hjemmehørende i Kjellerup.
  – , 17-19. august: fængsel.
  – , 5. september: anholdt for vold og ran. 2x5 dages fængsel.
  – , 19. september: tiltalt for vold, ran og pengeafpresning.
      4x5 dages fængsel.
Vinderslev.
  – , 21. oktober: på fri fod.
  – , 16-17. november: anholdt, mistænkt for pengeafpresning.
Tjenestekarl. Allingskovgård.
1903/04: på session.
1903, 7. januar: anholdt for tyveri. Lokalt.
  – , 5. februar: anholdt for betleri. Varetægtsfængsel. Ringkøbing.
  – , 5. marts: 8 dages fængsel for betleri. Lokalt.
  – , 14. maj: anholdt for politiuorden.
  – , juni: et par dage i detentionen.
  – , 7. august: sigtet for tyveri. 2x5 dages fængsel. Almtoft.

–, 23–28. august: simpelt fængsel.

–, 20. november: for retten. Gadeuorden og modsættelse af arrestation.

Varetægt i stedet for fængsel. Kjellerup.

1904, 23. januar: sigtet for betleri og vold. 60 dages tvangsarbejde på

Viborg Amts Arbejdsanstalt.

–, 27. januar til 5. februar: i Viborg. Ude før tid.

–, 19. august: sigtet for brandstiftelse på Kellerup Mark. Forbedringshusarbejde i 1 år på Vridsløselille Straffeanstalt.

1905, maj: nogle timer i detentionen for beruselse i Glostrup.

–, maj/juni: ude at sejle. Arresteret i Letland, mistænkt for spionage.

–, – –: efter løsladelse ude at sejle til Skt. Petersborg og Odessa.

–, 30. juni: røveri og betleri i Silkeborg. 18 måneders forbedringshusarbejde i Vridsløselille.

–, 13. november: overflyttet til Horsens Straffeanstalt.

1907, 25. marts: løsladt fra Horsens.

–, 19. maj til 5. juli: på Viborg Amts Arbejdsanstalt.

–, juli til august 1908: ude at sejle. England.

1908, 21. september: dømt for tyveri begået i Vejle Amt.

Forbedringshusarbejde i 2 år.

–, 29. september: Vridsløselille Straffeanstalt.

–, 20. november: overflyttet til Horsens.

1910, 1. oktober: løsladt.

–, 3. december: på sygehuset i Brædstrup.

1911, 2. april: dømt for tyveri eller hæleri. 2 års tugthusarbejde. Gjedsted.

–, 6. april til 23. april 1913: i Horsens.

1913,   22. november: en nat i detentionen i Kjellerup for gadeoptøjer.
Forinden idømt i alt 198 dages tvangsarbejde for betleri.
1914,   23. juli til 31. oktober: Viborg Amts Arbejdsanstalt og
        Kjellerup Arrest.
1915,   25. marts: i Kjellerup Arrest efter begæring fra Varde.
  – , 24. april til 31. maj: idømt 3 års tugthusarbejde for simpelt
        tyveri.
  – , 9. juni til 17. juni 1918: straffeanstalten i Horsens.
1919,   14. april: idømt 6 måneders fængsel i Holbæk.
1920,   22. marts: idømt 8 måneders forbedringshusarbejde for tyveri
        i Silkeborg.
  – , 15. april til 27. november: i Horsens Straffeanstalt.
1921,   19. april: idømt 8 måneders forbedringshusarbejde for tyveri.
        Terndrup.
  – ,   23. maj til 2. november: statsfængslet i Horsens.
  – ,   14. december: idømt 30 dages fængsel for betleri ved Viborg
          Kriminalret.
1922,   13. november: 90 dages tvangsarbejde for betleri. Middelfart.
1923–   32: mindst én gang om året i Kjellerup Arrest.
1933:   22 dage i Kjellerup Arrest.
1931–   36: 5 gange på Viborg Amts Arbejdsanstalt.
1937:   10 dage i Kjellerup Arrest.
1938:   32 dage – – – .
1939:   9 dage – – – .
1940:   mindst tre gange i spjældet. Kjellerup og Karup. 84 dage i alt.

1946:   Ans Hvilehjem: her bliver Anders betegnet som
        handelsmand.
1948:   mulig pensionist.

1954: Salten.

1956: værelse i Them.

1957: værelse i Virklund ved Silkeborg.

1961, 16. september: værelse i Ans.

1962, 30. januar og 3. juni: plejehjemmet i Ans.

1965, 11. maj: sov stille ind på Reballegaard, Søvind sogn.

Kilder. Del 1

Kjellerup Avis 14-1-1956 i Them.
Ukendt - 1957 i Virklund.
– – – – – .
Randers Dagblad 16-9-1961 i Ans.
Illustreret Familie Journal nr. 5, side 14-15, 86. årgang. 30-1-1962 i Ans.
Aarhus Stiftstidende 3-6-1962 i Ans.
Familie og bekendte.

Kilder. Del 2

Statsfængslerne i Horsens og Vridsløselille har bidraget med mange
oplysninger om Anders gennem blandt andet stamruller, registrer,
protokoller og journaler. Ligeledes har protokoller fra Viborg Amts
Arbejdsanstalt været nyttige. Det samme gør sig gældende for do-
kumenterne fra de forskellige retssager som Anders var involveret
i og arrestjournalerne.
Af andre benyttede kilder kan nævnes: folketællinger, kontrami-
sterialbøger, lægdsruller, søfartsbøger, en skudsmålbog og en død-
sattest. Jeg har ikke fundet søfartsbøgerne, men blot kunne konsta-
tere, at Anders fik dem fornyet.

Litteratur

Artikler

Brudstykker fra Blicheregnen. Blicheregnens Museumsforening. Årsskrift 1994, side 14-21, Hans Kruse. Oustruplund 1994.

Hjermind, Jesper: Det lille stodderleksikon – om bumser, børster og vagabonder. Blicheregnens Museum. Thorning 1994.

Kjellerup Avis 1904.

Smidt Madsens erindringer (BEM).

Ung på Blicheregnen I. 1990. Bindsløw, Laurids: side 215-225 og Nielsen, Orla: side 203-4. Oustruplund 1990.

Bøger.

Christiansen, Lars: Anders Braad – en skærslibers liv. Kahrius 2017.

Dietz, Orla, red.: Kjellerup By`s historie – set med en Kjellerup drengs øjne. Kjellerup 2001. 2. oplag.

Løgstrup, Birgit: Fra Tvang til Forsorg. Viborg Amts Forsorgshjem 1882-1982. Viborg 1984.

Internet

www.grathekirke.dk/om-kirkerne.....

Blume, Ole: Kirkeskibet i Thorning Kirke. 2015.

www.Tuxen.info/straffefangerne på alheden.htm.

www.dfi.dk/faktaomfilm.

Sange

K.Kristofferson/E. Foster: Me and Bobby McGee. 1971.

Sigfred Pedersen/Kai Normann Andersen: Skærslibervisen. 1955.

Tidligere udgivelser
af Henning E. Gjermandsen:

En skomagerforretning på Nørrebro
Erhvervshistorisk Årbog 1990, s. 95-107. Århus 1991.

Den fortryllende teknik
Den Gamle Bys Årbog 1994, s. 91-102. Herning 1995.

Jeg blev ved min læst
Den Gamle Bys Årbog 1995, s. 159-166. Herning 1996.

Rejsebrev
The Austin Maxi Club Newsletter nr.73. Newport, UK, 2002.

Bogen om Ingeborg. Fårvang 2004.

Jydsk Væddeløbsbane 1924-2014. Jubilæumsskrift. Århus 2014.